KB097302

쓰지 유미辻 由美

번역자이자 논픽션작가. 도쿄교육대학교 이학부를 졸업한
생물물리학 연구자였으나, 대학원 수료 후 파리에서 유학하면서
언어에 관심이 생겼다. 이를 계기로 독서교육, 도서관, 번역 등
책과 관련된 주제로 흥미로운 책들을 썼다. 대표적으로 프랑스를
중심으로 한 번역과 번역가의 역사를 흥미로운 에피소드로 엮은
『번역사 산책』(1993), 일본과 파리의 도서관을 넘나들며 도서관을
이용한 경험을 공유한 『도서관에서 놀자』(1999) 등이 있다. 1996년
『세계의 번역가들』로 제44회 일본 에세이스트 클럽상과 제33회
일본 번역출판문화상 특별상을 수상했다. 도서관에서 다양한 강연
활동을 하고 있다.

김단비

중앙대학교 일어일문학과를 졸업하고, 부산대학교 대학원
일어일문학과에서 석사학위를 받았다. 현재 전문번역가로 활동하며
일본의 다양한 문학작품과 문화 에세이를 한국에 소개하고 있다.
옮긴 책으로 『도쿄의 부엌』 『그 남자, 그 여자의 부엌』
『오로지 먹는 생각』 『파노라마섬 기담/인간 의자』 『달의 얼굴』
『그럼에도 일본인은 원전을 선택했다』 『읽기로서의 번역』
『책이라는 선물』 등이 있다.

아이들은
어떻게
베스트셀러를
만들었을까

讀書教育―フランスの活氣ある現場から

© 2008 by Yumi Tsuji

All rights reserved.

Originally published in Japan by Misuzu Shobo, Ltd., Tokyo

Korean translation © 2024 by UU Press, Paju

Korean translation edition is published by arrangement
with CUON Inc., Tokyo.

아이들은
어떻게
베스트셀러를
만들었을까

**책 읽는 나라 프랑스가
보여 준 발상의 전환**

쓰지 유미 지음
김단비 옮김

발상의 전환으로 이룬 프랑스의 독서 열기

실비 제르맹의 『마그누스』가 우리나라에 번역된 것은 2015년의 일입니다. 『마그누스』는 2005년 '고등학생들이 선정하는 공쿠르상'을 수상한 작품으로 소개되어 있습니다. 프랑스에서 최고 권위를 지닌 문학상인 공쿠르상을 고등학생들이 선정한다? 구체적으로 어떤 과정을 거치는 것일까? 이 책, 『아이들은 어떻게 베스트셀러를 만들었을까』는 그 궁금증을 풀어 주고 있습니다.

저자인 쓰지 유미 씨가 어떤 분인지 먼저 살펴봅니다. 쓰지 씨의 이력이 흥미롭습니다. 쓰지 씨는 본래 생물물리학 연구자였으나 대학원을 수료한 뒤, 20대후반에 파리에서 유학하면서 프랑스어를 깊이 공부한 후 번역가이자 작가로서 활동한 분입니다. 그의 번역 이력을 보면 1974년에 피에르 사무엘의 『이콜로지: 살아남기 위한 생태학』을 비롯해 생태학에 대한 다양한 책을 일본어로 번역했습니다. 또한 1996년 『세계의 번역가들』이라는 책으로 제44회 일본 에세이스트 클럽상과 제33회 일본 번역출판문화상 특별상을 수상했습니다.

쓰지 씨가 펴낸 책 가운데 눈길을 끄는 것이 『도서관에서 놀자』입니다. 어떤 계기로 썼는지는 모르겠습니다만(이 책의 맺음말에서 그 핵심적인 계기가 '프랑스의 언어 교육'이라고 말하고 있습니다만), 이용자의 눈으로 프랑스의 도서관 서비스를 소개한 책입니다. 『아이들은 어떻게 베스트셀러를 만들었을까』도 『도서관에서 놀자』의 연장선상에 있다고 할 수 있습니다. 이 책의 바탕이 된 원고는 계간지 『도서관 학교』에 실었던 「공쿠르 데 리세앙: 고등학생이 심사위원이 된 문학상 1, 지방도시 렌느가 즐기는 독서축제」인데, 쓰지 씨는 책으로 묶으면서 처음부터 다시 썼다고 말하고 있습니다.

이 책의 가장 큰 장점은 무얼까 하고 생각해 봅니

다. 이 책의 가장 큰 장점은 쓰지 씨의 문장이 마치 르포 작가의 문장처럼 생생하다는 것입니다. 이렇게 현장감을 살리기 위해서는 취재력이 필수입니다. 취재력이란, 글을 손으로 쓰는 것이 아니라 발로 쓰는 것을 말합니다. 그렇기에 이 책은 계속 사람과의 만남을 전하고 있습니다.

쓰지 씨는 발품을 팔아 관계자들을 인터뷰하여 사실을 확인하고 기술함으로써, 책상머리에 앉아 자료를 정리하고 쓴 글과는 확연한 차이를 만들어 냅니다. 이런 '만남' 가운데 가장 중요한 만남은 고등학생 공쿠르상의 명물 학교가 된 가스통 바슐라르 전기기술 직업고등학교의 모로코 출신 아미두와의 만남일 것입니다. 가스통 바슐라르 전기기술 직업고등학교의 학생 대부분은 아랍계와 흑인이고, 학생들은 졸업하면 철도나 공공시설, 공장 등에서 전기 기술과 관련된 일을 하게 됩니다. 이 학교 학생들이 뽑은 '학급 3편'은 『내 나쁜 생각』, 『낭떠러지』, 『테러』. 그런데 아미두는 『마그누스』를 밀고 있었습니다. 이 해에 결국 실비 제르맹의 『마그누스』가 '고등학생 공쿠르상'을 받게 되는데, 이 이야기가 이 책에서 가장 인상적인 대목일 듯싶습니다.

쓰지 씨가 프랑스의 독서문화 현장을 조사하고 보여 주는 이유는 무엇일까? 이 질문이 우리가 이 책을 읽으며 던지게 되는 가장 중요한 질문일 것입니다. 한마디로 말한다면 그것은 '발상의 전환'입니다. 쓰지 씨는 "독서 교육은 프랑스에서 끊임없이 논의가 이루어져 온 주제다. 아이들 개개인이 독립적인 시민으로 성장하기 위해 독서는 필수라는 생각이 깔려 있다"라고 말합니다. 고등학생이 주는 문학상과 아이들이 뽑는 문학상의 핵심은 '위로부터'가 아니라 '아래로부터' 그 방향을 바꾸어 독서를 한층 더 능동적인 행위로 바꿀 수 있음을 전하고자 하는 데 있다고 생각합니다.

고등학생 공쿠르상이 여느 독서 교육과 다른 점은 발상의 전환이다. 보통은 학생들에게 양서 또는 뛰어난 책이라고 인정받는 책을 읽도록 권장한다. 하지만 고등학생 공쿠르상의 경우 학생들은 심사위원 입장에서 작품을 읽고 평가한다. 평가 기준을 정하는 것도 학생들 자신이다. 고등학생이 어떤 판단을 내리느냐에 따라 한 작품의 운명이 뒤바뀐다. 필연적으로 독서는 한층 능동적이며 책임이 따르는 행위가 된다.(43쪽)

어린이와 청소년 들이 주체적으로 스스로 책을 골라 읽고 토론하며 독립적인 시민으로 성장하려면 어떻게 하면 좋을까. 이런 물음은 우리나라에서도 교사와 사서, 부모와 양육자, 출판인과 서점인, 책과 문화 관련 시민단체 들이 끊임없이 고민해 온 주제이기도 합니다. 『아이들은 어떻게 베스트셀러를 만들었을까』는 '고등학생 공쿠르상'을 비롯해 프랑스에서 이루어지고 있는 사례를 통해 이 질문에 대한 해답을 모색하고 있습니다. 발상을 전환하자. 위로부터가 아니라 아래로부터. 학생들이 스스로 주인공이 되어 한층 능동적으로 책과 만날 수 있도록 하자. 물론 우리나라에서도 이런 생각을 바탕으로 여러 가지 시도가 있었습니다. 그렇지만 이 책이 소개하는 정도로 성공적이지는 못했습니다. 이 책의 출간을 계기로 다시금 '발상의 전환'이 일어나서 새로운 시도가 생겨나고, 우리의 독서문화에 활기를 불어넣을 수 있게 되기를 기대합니다.

2024년 4월
안찬수(책읽는사회문화재단 상임이사)

들어가는 글

독서액션 ― 파리독서센터

탕제 초등학교가 있는 파리 19구는 아랍권, 아프리카, 스리랑카, 중국 등지에서 온 이민자가 많은 거리다. 이 학교에 다니는 아이들은 대부분 경제적으로 풍족하지 않은 사회 계층에 속해 있다. 외국 출신 아이들이라고 해도 국적은 모두 프랑스다. 아이들은 가정에서 어른이 책 읽는 모습을 거의 보지 못해 독서가 친숙하지 않다. 탕제 초등학교 선생님들은 모두 20~30대이며 교장인 클랭 선생님도 마흔 정도라 다들 에너지가 넘치지만 경험은 부족하다.

어떻게 해야 아이들이 책 읽는 즐거움을 발견하게

될까, 이 문제는 선생님들의 가장 큰 고민거리였다. 평소에 하는 수업의 틀을 벗어난 새로운 프로젝트가 필요했다. 학교장 클랭 선생님은 파리독서센터의 '독서액션'을 이용하기로 했다.

독서액션이란 학교 측의 요청을 받아 파리독서센터에서 기획하는 프로젝트 수업이다. 하나의 주제 아래 꼬박 2주간 진행되며 여러 학년, 때로는 전 학년이 참여한다. 반드시 그 학교 아이들이 현실에서 직면한 문제를 주제로 삼아야 하기에 학교마다 주제가 다르다.

어떤 식으로 독서액션을 진행할지는 학교 측과 센터가 협의를 통해 결정한다. 탕제 초등학교 선생님들이 고른 테마는 '남과 여'. 아이들의 가정은 남성우월주의 성향이 강해 교내에서도 남학생과 여학생이 잘 어울리지 못하고 서로 소통도 별로 없다. 또한 '남과 여'라는 주제는 모두와 관련되기 때문에 모든 학생이 토의에 참여할 수 있다.

먼저 1학년부터 5학년까지 전 학년을 섞어(프랑스 초등학교는 5년제) 12개 그룹을 만든다. 모든 그룹에 각 학년 아이들을 골고루 넣고, 그룹마다 어른을 한 명씩 배치한다. 담임선생님들, 파리독서센터에서 파견된 직원, 담임을 맡지 않는 음악과 체육 선생님, 그리고 교장선생님까지 각각 한 그룹씩 담당한다. 학급당 인원은 보통 25명이지만 독서액션에서는 각 그룹당 15~17명, 토의하기에 더 알맞은 인원이다.

나이가 다른 아이들을 한데 섞는 건 주제를 불문하고 파리독서센터의 기본 방침이다. 로베르 칼롱 소장은 이렇게 말한다.

"아이들끼리의 싸움은 경쟁의식에서 비롯되는 경우가 많아요. 하지만 여섯 살짜리가 열 살짜리와 경쟁하려 들진 않죠. 균질 집단에 비해 혼성 집단에서 괴롭힘도 훨씬 적어요. 큰 아이가 작은 아이를 지켜 주려 하죠. 작은 아이들끼리의 말다툼을 멈추는 덴 큰 아이가 끼어드는 게 선생님이 개입하는 것보다 훨씬 효과적이랍니다. 학급이라는 집단과 완전히 별개의 그룹을 만드는 건 아주 좋은 방법이에요. 그때까지의 균형이 깨지고 다른 균형이 만들어지거든요. 아이들에겐 타인을 이해하는 기회이기도 하고요."

남과 여, 언뜻 보기에 흔한 주제지만 접근하기에 따라서는 얼마든지 색다른 주제다. 신화를 조사한다면? 그리스 신화, 인도 신화, 중국 신화에 관한 그림책을 살펴본다. 남신은 어떻게 생겼고 여신은 어떻게 생겼지? 동물 그림책은 단번에 아이들의 흥미를 끈다. 그림책에 나오는 동물들은 사람처럼 옷을 입고 있는 경우가 많다. 이 쥐는 원피스를 입고 있으니까 암컷일까? 이 개는 바지를 입고 있으니까 수컷이려나? 리본을 단 돼지는 암컷? 직업이나 놀이에 관한 책, 역사책이나 과학책도 '남과 여'에 초점을 맞추면 새로운 관심이 생겨난다.

그 많은 책을 한 학교에서 전부 준비하기는 어렵다. 독서액션의 시작과 함께 파리독서센터에서 학교로 책을 잔뜩 보내 준다. 자료 제공도 파리독서센터의 주요 역할이다.

책을 읽는 데서 그치지 않고 학교 밖으로 나가는 것도 매우 중요하다. 아이들은 그룹별로 미술관이나 박물관에 가서 다양한 조각상을 관찰하고, 장난감 도서관을 견학하며 여자아이와 남자아이의 놀이가 어떻게 다른지 조사한다. 거리로 나가 일하는 어른들과 인터뷰도 한다. 인터뷰를 통해 남자가 하는 일, 여자가 하는 일은 과연 구분할 수 있는 것인지 생각해 본다.

광고도 다양한 프로젝트에 이용되는 재료다. 파리

독서센터는 수많은 광고를 소장하고 있는데, '남과 여'라는 주제에는 향수 광고를 활용하기로 한다. 여러 가지 향수 사진과 그림이 든 봉투가 아이들에게 전달된다. 아이들은 남성용과 여성용이 외관에서부터 차이가 난다는 사실을 금방 알아차리고, 이 모양은 남성용 같고 이 색깔은 여성용 같다는 식으로 논의하며 향수를 분류해 본다.

각 그룹은 하나의 소재를 이틀 동안 조사한다. 신화를 조사한다면, 첫째 날 오전에는 그림책을 읽고 둘째 날 오전에는 미술관과 박물관에 간다.

클랭 교장은 이렇게 말한다.

"우리 학교 아이들은 가족을 거의 벗어나지 않아요. 방학이 되면 고향 나라로 가기 때문에 기껏해야 그곳과 파리를 오가는 게 고작이죠. 파리 거리를 돌아다닌다거나 할 여유는 없습니다. 아이들이 고향에 가는 건 가야 하니까 가는 거지 호기심에 이끌린 여행이 아니에요. 이 프로젝트의 가장 큰 목적은 독서의 세계로 발을 들여놓게 하는 것이지만, 아이들을 밖으로 끌어내려는 목적도 있었습니다. 아이들은 루브르미술관에도 가고 오르세미술관과 근대미술관에도 갔습니다."

독서를 할 때나 견학을 할 때 아이들은 저마다 느낀 점을 적고 그룹별로 토의한다. 하루의 마지막 시간에는 원래 학급으로 돌아가 한 명씩 돌아가며 각 그룹에서 했던 활동을 다른 아이들에게 들려준다.

읽고(혹은 관찰하고) → 쓰고 → 토의하고 → 제삼자에게 전달하고. 독서액션에는 이런 과정이 모두 포함되어 있다.

'남과 여'라는 주제를 놓고 토의하는 동안 아이들은 서서히 틀에 박힌 생각을 깨기 시작했다. 여자는 원피스, 남자는 바지라지만 아프리카에서 온 남자들을 보면 원피스 같은 옷을 많이 입지 않나. 요즘 시대에는 바지만 입는 여자아이도 얼마든지 있다. 인도에는 머리가 긴 남신이 있다. 머리카락 길이가 남녀를 구분하는 기준이 될 수는 없다. 축구를 좋아하는 여자아이도 있고 인형놀이에 빠진 남자아이도 있다. 여자 택시기사가 있는가 하면 남자 베이비시터도 있다.

남자와 여자. 한쪽에는 가족이나 사회, 학교에 기인하는 고정관념이 있고, 또 한쪽에는 현실이라는 것이 있다. 그리고 현실은 고정관념보다 훨씬 복잡하게 얽혀 있어 무 자르듯 정확하게 구분하기가 쉽지 않다. 그런 고정관념과 현실의 실상을 아이들은 저마다의 방식으로 배워 나간다.

독서액션을 시작하면서 먼저 여자아이에게는 "남자아이 하면 어떤 게 가장 먼저 떠오르나요?"라는 질문을, 남자아이에게는 "여자아이 하면 어떤 게 가장 먼저 떠오르나요?"라는 질문을 던졌다. 그리고 아이들은 저마다 자신의 생각을 썼다.

문제점이 바로 나왔다. 아이들의 글은 문법도 철자도 잔뜩 틀려 있었다. 틀린 곳을 고쳐 줘야 할까, 그대로 둬야 할까? 독서센터와 논의한 결과, 단순 철자 오류는 고치고 형용사나 명사의 남성형·여성형에 관한 오류는 그대로 두기로 했다. 실제로 남성형·여성형 오류는 매우 많았다. '남과 여'가 주제인 만큼 독서액션 속에 이 문제도 포함시키기로 한 것이다.

"아랍어에는 성性 구분이 있어 아랍계 아이들은 프랑스어 남성형·여성형을 그리 어려워하지 않아요. 반면에 스리랑카나 중국 출신 아이들은 많이 어려워하죠. 중국어에 동사 활용이 없어도 그 부분은 큰 어려움 없이 익히는 편인데, 남성형·여성형 구분은 동사 활용과는 비교도 안 되게 어렵다고 느껴요.

사실 프랑스어의 성은 단지 문법상의 규칙일 뿐 언어학적으로 설명되는 의미는 없어요. 의자는 여성 명사, 발판은 남성 명사인데, 왜 그런가 하는 논리적 이유는 없거든요. 하지만 문법은 글을 쓰기 위한 공통의 약속이니 그걸 지키지 않으면 자신의 생각을 충분히 전달할 수 없어요. 그런 점을 이해시킬 좋은 기회였습니다."

클랭 교장은 나를 위해 점심시간에 선생님들을 모두 교무실로 불러 모아 독서액션에 관해 이야기 나누는 자리를 만들어 주었다. 나는 초등학교부터 고등학교까지 프랑스의 여러 학교를 가 보았는데, 어딜 가나 일본 학교와 가장 다르다고 느낀 곳이 교무실이다. 횅한 방 안에 책상만 덩그러니 놓여 있고 책상 위도 거의 텅 비어 있다. 교무실에서 업무를 보는 교사도 보기 힘들다.

초등학교에는 교실에 자물쇠 달린 교사용 사물함이 있어서 교재나 소지품은 거기에 넣는다. 쉬는 시간에 교무실에 와서 커피를 마시거나 잡담을 하는 선생님도 있지만 교무실에 거의 발을 들이지 않는 선생님도 있다. 파리 16구에 있는 초등학교에서 선생님을 하는 내 친구는 특별한 볼일이 없는 한 교무실에 가지 않고 쉬는 시간은 대부분 교실에서 보낸다.

그렇다 보니 교무실에 선생님들이 주르르 앉아 있는 모습만으로도 뭔가 특별한 일이 일어난 것 같아 가슴이 두근거렸다. 확실히 선생님들이 젊어서인지 교무실이 갑자기 화사해진 느낌이었다.

"독서액션을 할 때 오늘 이 그룹은 미술관, 이 그룹은 동물 그림책, 내일은 반대로, 그런 식으로 번갈아 가며 프로그램을 수행하기 때문에 전체적으로 보면 모든 학생이 거의 같은 활동을 해요."

선생님 한 분의 설명에 이어 여러 선생님이 저마다 경험담을 들려주었다.

"동물 그림책은 종류가 아주 많았어요. 각 동물의 표정이나 생김새, 차림새, 행동이나 서로를 대하는 법을 보고 아이들은 이건 남자다, 이건 여자다 하며 토의했어요. 그것만으로도 이미 아이들은 책과 접촉하게 된 거죠. 그런 토의가 책에 대한 흥미를 불러일으켰고요."

"책이라는 게 단지 읽는 것일 뿐 아니라 무언가를 알아보는 데도 도움이 된다는 사실을 이해시킬 수 있었던 것 같아요."

"읽는 행위를 쓰는 행위로 연결시킨 점이 좋았어요. 아이들은 책에서 본 걸 노트에 쓰고, 쓴 걸 다른 아이들에게 이야기해야 했죠. 일지를 써서 그날 토의한 내용이나 견학한 내용을 기록했어요. 신문도 만들었죠."

"어떤 책을 두고 논쟁이 벌어진 적도 있어요. 교사는 개입하지 않고 아이들이 자유로이 토의하게 놔두는 것이 방침이라 때로는 화제가 엉뚱한 방향으로 새기도 했지만, 그건 중요하지 않았어요. 아이들이 날마다 책을 빌려 가서 집에서 읽어 오는 거예요. 다음 날 아침이면 몇몇은 꼭 자기가 읽은 책 이야기를 하고요."

"나이가 다른 아이들이 함께하다 보니 1학년 아이는 처음에 좀 당황하더군요. 특히 쓰는 걸 어려워했어요. 큰 아이들을 상대로 말을 하는 데는 금방 익숙해졌고요. 상급생은 1학년 아이가 말하는 걸 침착하게 들어 주고 답답한 내색을 하지 않았죠."

독서액션이 독서 의욕을 자극했느냐는 질문에는 대부분이 긍정적으로 답했다. 독서액션을 진행하는 동안 아이들은 확실히 많은 책을 읽었고, 다 함께 책을 읽고 읽은 책에 관해 서로 이야기 나눌 때 생기가 넘쳤으며, 예전보다 책에 관심이 많아졌다고.

하지만 그런 활동을 앞으로도 수업에 접목할 생각이 있느냐고 묻자, 적극 활용하겠다는 대답은 50퍼센트 정도였으며 다음과 같이 활용하고 싶다는 의견이 나왔다.

- 독서에 주제를 부여하면 흥미를 유발하는 자극제가 된다.
- 하나의 주제를 놓고 신화, 동화, 역사, 과학 등 장르를 넘어 두루 살펴보는 건 좋은 아이디어다. 아이들이 저마다 취향에 따라 책을 고를 수 있고 그러면서 공통 화제도 생긴다.
- 조사 방법은 다양해야 한다는 것을 실감했다. 어떤 주제에 관해 조사할 때 책을 참고하기도 하고, 그림이나 조각을 관찰하기도 하고, 거리에 나가 인터뷰도 하는 등 접근 방식에 변화를 주면 아이들의 관심은 넓고 깊어진다.
- 매일 아침 아이들이 저마다 읽은 책을 소개하는 시간이 좋았다. 앞으로도 계속할 생각이다.
- 독서액션 시간에는 선생님이 전혀 개입하지 않고 아이들이 자유롭게 토의하게끔 놔두었다. 이건 앞으로도 이어 나가고 싶다.

파리독서센터는 13구 코르비자르 거리에 있다. 설립은 1989년. 독서센터 창설을 위해 분투한 주역 로베르 칼롱 소장이 목소리를 높인다.

"책이 살아서 기능하는 사회 환경을 아이들에게 제공하는 것이 파리독서센터의 목표입니다. 읽기를 힘들어하는 아이들은 대부분 책이 살아 있지 않은 환경에서 생활하지요. 어른이 책을 읽지 않으니 아이들은 책의 유용성을 이해하지 못합니다. 우리는 읽기가 재미난 일이라는 사실을 아이들에게 알려 주고자 합니다."

독서는 개인적인 행위일 뿐 아니라 다른 사람들과 나누고 논의할 수 있는 것이며, 무언가를 실현하는 데 도움이 된다. 읽는 행위는 쓰는 행위와 떼려야 뗄 수 없다. 쓸 줄 알면 더 잘 읽을 수 있다. 이것이 파리독서센터의 이념이다.

칼롱 소장은 프랑스독서협회라는 비영리법인 회원이다. 이 협회는 독서에 관해 고찰하고 탐구하는 것을 목적으로 하며 교원과 연구자 들로 구성된다.

1987년에 프랑스독서협회는 국립교육학연구소와 협력해 프랑스 남부 가르 주의 베세주라는 작은 마을에 첫 국립독서클래스센터를 세웠다. 베세주는 인구가 3137명(1999년 기준)에 불과한 마을이지만 센터는 5년간의 실험적 시도 끝에 큰 성공을 거두었다. 파리시 대표가 시찰을 나와 멋진 아이디어라고 감탄했고 이 센터를 원형 삼아 '파리 독서플랜'이 만들어졌다.

파리 독서플랜은 파리 전역의 유치원·초등학교 도서관과 그 중심에 있는 파리독서센터를 포괄하는 플랜이다. 이 플랜에 따라 파리의 모든 유치원과 초등학교 도서관에 애니메이터*가 배치되었다.

애니메이터란 박물관·미술관, 문화센터(학교가 쉬는 수요일과 방학 기간에 돌봄 교실을 운영하는 곳), 양로원, 소년원 같은 문화시설이나 사회시설에서 강사 역할, 코디네이터 역할을 하는 사람들이다. 자원봉사자가 아니라 엄연한 직업이다. 애니메이터의 활동 범위는 매우 넓지만, 교육 현장만 놓고 말하면 수업 외 시간(점심시간, 방과 후, 방학 중)에 아이들을 지도한다.

일반적으로 애니메이터는 아이들의 관심을 불러일으키는 데 능통한 사람들이다. 파리의 유치원과 초등학교 도서관에 사서가 아닌 애니메이터가 배치된 이유는 아이들이 독서의 즐거움과 유용성을 발견하게 만드는 것을 우선 과제로 삼았기 때문이다. 이들 애니메이터

---

* 일본에서는 '아니마도르'라는 스페인어 발음에 따른 표기와 '아니마퇴르'라는 프랑스식 발음 표기, 그리고 '애니메이터'라는 영어식 발음 표기가 혼재되어 있지만 이 책에서는 '애니메이터'를 사용했다. — 저자 주

상당수는 문화센터의 디렉터도 겸하고 있다. 파리독서 센터는 학교 도서관에서 독서 지도를 하는 애니메이터들에게 연수의 장이자 자료와 정보의 거점이다. 파리의 학교 도서관 애니메이터 90퍼센트가 이 센터에서 정기적으로 연수를 받는다.

　센터의 또 다른 중요한 역할은 아이들에게 독서를 장려하는 프로젝트를 구상하고 실행에 옮기는 것이다. 앞서 살펴본, 수업으로 하는 독서액션뿐 아니라 문화센터에서 진행하는 독서 학습도 기획한다. 파리독서센터 직원은 모두 20명인데 그중 15명이 애니메이터, 소장인 로베르 칼롱을 포함해 5명이 교원이다. 이곳의 활동은 항상 애니메이터와 교원의 혼성팀으로 이루어진다. 독서액션을 할 때도 교사와 애니메이터가 함께 학교로 파견된다.

　한 권의 책을 가지고 하는 독서액션도 있다. 대상은 대개 유치원생이라 글을 읽을 줄 아는 아이도 있고 아직 못 읽는 아이도 있다. 한번은 독일 작가 볼프 에를브루흐의 그림책 『개가 무서워요!』를 이용해 독서액션을 한 적이 있다. 일본어로도 번역된 작품이다. 실화를 동화로 만들었으며 주인공 레오나르트는 저자의 아들

이름이다. 레오나르트는 자신을 개와 동일시하며 개처럼 행동하지만, 그러면서도 개를 무서워한다. 욕구와 두려움을 동시에 가진 아이의 이야기다.

아이들은 날마다 그림책 좌우 2페이지씩을 받는데, 글은 가려져 있다. 아이들은 그룹으로 나뉘어 그림만 보고 이야기를 상상해 다음 페이지에 올 내용을 추측한다. 그룹별로 생각이 정리되면 모두 함께 모여 각 그룹의 의견을 발표한다.

『개가 무서워요!』 처음 몇 페이지에는 뼈를 물거나 짖는 흉내를 내는 레오나르트가 등장한다. 그걸 보며 아이들은 레오나르트가 개를 좋아한다고 생각한다. 그런데 다음번에 받은 페이지에는 개를 무서워하며 어른에게 매달려 있는 그림이 나온다. '아니, 개를 무서워하는 건가?'

아이들은 전날 세운 가설을 수정하고 이야기를 다시 만든다. 그런 식으로 날마다 수정을 거듭하며 모든 페이지를 마치고, 그룹별로 자신들이 상상한 이야기를 발표한다.

그러고 나면 마지막으로 어른이 실제 이야기를 들려준다. 아이들이 이야기를 발견하는 순간이다. 칼롱 소장은 말한다.

"이 방법은 네다섯 살 아이들에게 아주 효과적이에
요. 그 또래 아이들의 상상력은 놀라울 정도로 풍부합
니다. 글을 읽을 줄 아는 아이와 읽지 못하는 아이가 섞
여 있어도 전혀 문제가 없어요. 아이들이 이야기를 읽으
면 좋겠는데 어떻게 하면 좋을지 모르겠다는 유치원 선
생님들의 요청을 받아 고안한 방법이죠."

문화센터 독서액션에서는 일본의 민담 애니메이
션 몇 편을 소재로 삼기도 했다. 후쿠시마에 있는 미하
루 마을의 민담 「시모모기의 아이 지키는 지장보살」은
그중 하나다. 아이들은 먼저 일본어판 그대로 애니메이
션을 보고, 6~7명씩 그룹 지어 화면에서 뽑아 낸 그림
10여 장을 보고 등장인물에게 직접 이름을 붙이며 스토
리를 짠다. 그런 다음 같은 민담 애니메이션의 프랑스
어판을 본다. 아이들이 상상한 스토리는 세부적인 차이
는 있어도 전체적인 줄거리는 원작과 일치한다. "거 봐,
내 말 맞지!" 여기저기에서 환호성이 터지며 분위기가
고조된다.

파리독서센터는 해마다 대략 25개 학교와 파트너
가 되어 독서액션을 구상한다. 하지만 요청해 오는 학

교는 이보다 훨씬 많아서 파리 시와 교육부가 협력해 학교를 선정한다. 10구, 18구, 19구 등 학업 성취도가 낮은 아이들이 많은 학교에 우선권이 있으며 이런 학교가 50퍼센트를 차지하도록 되어 있다.

개별 학교의 상황을 살펴보면, 도서관에서 일하는 애니메이터와 교실에서 학생을 가르치는 교사 간의 연계가 반드시 원활히 이루어지는 것은 아니다.

일단 애니메이터와 교사는 일하는 시간대가 다르다는 사정이 있다. 애니메이터가 도서관에서 아이들을 만나는 건 오전 11시 30분부터 오후 1시 30분(또는 정오부터 오후 2시)까지의 점심시간과 방과 후인 오후 4시 30분부터 오후 6시까지, 즉 교사의 근로시간 외다. 소속도 다르다. 애니메이터는 파리 시 정규직, 교사는 국가 공무원이다.

"애니메이터에게는 교사에겐 없는 자질이 있어요. 예를 들어 어린이책에 관해선 애니메이터가 전문가지요."

칼롱 소장은 말한다. 교사와 애니메이터의 일은 상호 보완하는 것이 이상적이지만 현실은 꼭 그렇지 않다. 애니메이터는 자기 일을 하고 교사도 자기 일을 하기에 서로 상대를 잘 모르는 경우가 적지 않다. 하지만 진정한 협력 관계가 성립된 곳도 있다. 공부가 뒤처지는 아이가 많은 곳일수록 애니메이터나 교사나 분투할 수밖에 없다. 그럴 때는 서로가 서로에게 필수불가결한 존재다.

2005년에 파리독서센터의 부속시설로 프랑스·프랑스어권 자료센터가 설립되었다. 사전을 비롯해 언어에 관한 방대한 참고자료를 갖춘 공간으로, 교사에게는 교재 연구의 장으로, 아이들에게는 조사 활동의 장으로 쓰이고 있다.

¶

독서 교육은 프랑스에서 끊임없이 논의가 이루어져 온 주제다. 아이들 개개인이 독립적인 시민으로 성장하기 위해 독서는 필수라는 생각이 깔려 있다.

또 하나, 다종다양한 문화권의 사람들이 뒤섞인 나라가 지닌 고유한 문제가 있다. 2004년 기준 프랑스에 거주하는 이민자는 490만 명으로, 그중 약 40퍼센트가 프랑스 국적을 갖고 있다. 프랑스에서 태어난 외국인은 이민자로 계산되지 않기 때문에 외국 출신 프랑스인은 이보다 더 많다. 1999년부터 2007년까지 8년 동안에만 외국인 110만 명가량이 새롭게 프랑스 국적을 취득했다. 출신지도 매우 다양하다. 아랍권이나 아프리카에서 온 사람들이 있는가 하면 EU의 다른 지역이나 아시아 국가에서 이주한 사람들도 있다.

　다민족이 뒤섞인 형태는 풍부한 문화적 환경을 만들어 낸다. 예를 들어 최근 여러 문학상 수상자 중에는 외국 출신자가 눈에 띈다. 2006년에는 공쿠르상, 고등학생 공쿠르상, 르노도상, 페미나상 등 프랑스에서 특히 주목받는 4대 문학상 수상자가 모두 외국인이나 외국 출신자였다. 외국인의 프랑스 문학에 대한 기여도는 이루 말할 수 없이 크다. 하지만 어떤 현상이든 양날의 검이다. 다른 한편으로는 이민자 자녀들의 언어 능력 부족이 심각한 교육 문제이기도 하다. 그렇지만 그것도 일반화할 수는 없다. 뒤에 언급하겠지만, 외국 출신 학생이 80퍼센트 이상을 차지하는 학교에서도 어떤 면에서는 그 덕분에 매우 풍부한 조화를 이루고 어떤 면에서는 독서 능력 부족이 모든 교과목에 영향을 미쳐 학력 저하를 초래한다.

프랑스는 유럽에서도 독서 교육 문제로 어려움을 겪는 나라로 꼽힌다. 물론 모든 게 이민 때문만은 아니다. 프랑스는 모국어 교육을 특히 중시해 온 나라인 만큼 가상세계가 지배하는 현대사회에서 독서가 한구석으로 밀려나기 쉬운 경향은 간과할 수 없는 큰 문제다.

이런 다양한 사정들이 이유로 작용하겠지만 프랑스에서는 독서를 장려하는 매우 독창적인 시도들이 활발히 이루어지고 있다. 이 책에서는 그 좋은 사례로 고등학생이 주는 문학상과 아이들이 뽑는 문학상을 다루려 한다.

이 상들은 모두 몇몇 개인의 주도로 시작해 전국으로 파급된 문학 이벤트다. 취재 과정에서 수많은 귀중한 만남을 경험했고, 독서 교육을 위해 힘쓰는 사람들의 열의와 강인함에 감동하지 않을 수 없었다. 개인의 힘이 얼마나 대단한지 새삼 실감했다.

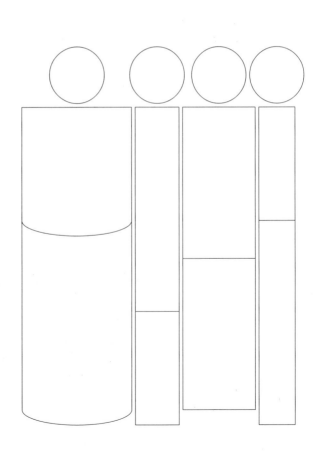

추천사: 발상의 전환으로 이룬 프랑스의 독서 열기   9

들어가는 글: 독서액션 — 파리독서센터   15

1부 고등학생이 주는 문학상

1장   고등학생 공쿠르상이란?   41

       고등학생 공쿠르상의 구조   48

       학급 3편, 지역 3편, 최종 심사   53

       고등학생 공쿠르상의 메카, 레스토랑 라 쇼프   60

       창설자 베르나르 르 도즈가 말하다   65

       어느덧 스무 살이 되다……   75

2장   참가 학교 프로필   79

       2004년도 참가 학교 — 폴 두메르 고등학교   79

       2005년도 참가 학교 — 가스통 바슐라르 전기기술   96
       직업고등학교

3장   고등학생 공쿠르상을 둘러싼 사람들   121

       공쿠르 아카데미 회장 에드몽드 샤를 루   121

       수상 작가가 고등학생 심사위원에게 보내는 메시지   128
       — 2002년도 수상자 로랑 고데

       『웨스트 프랑스』학교 담당 기자 파트리크 라 프레리   132

       프낙서점   138

4장 「공쿠르의 만남」 147
아니타 콩티 고등학교 학생들과 함께 160

2부 아이들이 뽑는 문학상

5장 세대를 넘어 ─ 크로노스 문학상 179
카샹 시립도서관의 노력 196

6장 동네 서점 파워 ─ 앵코륍티블상 213
전국 코디네이터 잔 루소 씨에게 묻다 221
수상작 발표까지의 스케줄 227
독서 아니마시온 230
수상작 발표 대회 235

나오는 글: 사서교사들의 도전 247
맺음말 263

1부

고등학생이
주는
문학상

1장

고등학생 공쿠르상이란?

파리 오페라극장 근처에 있는 '드루앙'은 차분한 분위기의 운치 있는 레스토랑이다. 그런데 해마다 11월 초가 되면 수많은 언론 매체에서 몰려든 사람들로 시끌벅적해진다. 공쿠르상 심사 때문이다.

비슷한 시기에 TV 카메라와 취재진이 몰리는 또 다른 레스토랑이 있다. 파리에서 남서쪽으로 350킬로미터쯤 떨어진 렌느 시에 자리한 '라 쇼프'다. 이곳에서는 고등학생 공쿠르상의 최종 심사가 이루어진다. 렌느는 프랑스 최서단 브르타뉴 지방의 중심지이며 인구는 21만 명가량이다.

공쿠르상은 일본으로 치면 아쿠타가와상에 해당하는 문학상이다. 심사위원은 10명으로 구성된 공쿠르 아카데미 회원들로 모두 종신회원이다. 한편 고등학생 공쿠르상의 최종 심사위원은 프랑스 각 지방에서 대표로 선출된 고등학생 13명으로 해마다 바뀐다. 공쿠르상과 마찬가지로 고등학생 공쿠르상의 심사는 밀실에서 진행되며 방청은 허용되지 않는다. 고등학생 심사위원들이 열띤 논쟁을 벌이는 동안 취재진은 문밖에서 수상작이 발표되기만을 초조하게 기다린다.

고등학생 공쿠르상이란 매년 프랑스에서 고등학생 2천여 명이 심사위원이 되어 선출하는 문학상이다. 대상 작품은 공쿠르상 1차 전형에서 후보에 오른 소설 10여 편이다.

고등학생 공쿠르상이 제정된 건 1988년. 원래 렌느의 한 고등학교 국어교사가 학생들이 현대문학과 친숙해졌으면 하는 바람에서 개인적으로 만든 상이었다. 지방 도시에서 시작된 이 작은 독서 장려 활동은 미디어를 떠들썩하게 하는 전국 규모 문학 이벤트로 성장했고, 2007년에 20주년을 맞이했다.

작가와 평론가를 심사위원으로 둔 수많은 문학상

사이에서 고등학생 공쿠르상은 신뢰할 수 있는 상이라는 정평이 나 있다. 실제로 이 상을 받은 작품은 판매량이 급상승한다. 그렇다고 독서 교육이라는 당초 목표가 바뀐 건 아니라서 후보작에 관한 학생들의 토의는 어디까지나 수업 시간에 포함된다. 학교 교육이라는 틀 안에서 이루어진다는 점이 TV와 라디오, 신문과 잡지의 관심을 끌고 동시에 엄청난 상품 가치를 만들어 낸다. 이 역설이야말로 고등학생 공쿠르상의 매력일 것이다.

1995년부터는 외국 고등학교에서도 심사에 참가해 왔다. 나라는 해마다 달라지며 지금까지 체코, 스페인, 이탈리아, 캐나다, 알제리, 스위스 등에서 참가했다.

고등학생 공쿠르상이 여느 독서 교육과 다른 점은 발상의 전환이다. 보통은 학생들에게 양서 또는 뛰어난 책이라고 인정받는 책을 읽도록 권장한다. 하지만 고등학생 공쿠르상의 경우 학생들은 심사위원 입장에서 작품을 읽고 평가한다. 평가 기준을 정하는 것도 학생들 자신이다. 고등학생이 어떤 판단을 내리느냐에 따라 한 작품의 운명이 뒤바뀐다. 필연적으로 독서는 한층 능동적이며 책임이 따르는 행위가 된다.

또 하나는 독서라는 본디 개인적인 행위가 사회화

되어 소통의 수단이 된다는 점이다. 학생들은 읽고, 논평하고, 의견을 나누고, 토의하고, 저자들에게 질문을 던지고, 그 집대성으로서 하나의 작품에 상을 준다. 독서라는 행위를 통해 고등학생 심사위원들은 서로 더없이 밀도 높은 시간을 나눈다.

"그래 봐야 엘리트 고등학교 학생들이겠죠!" 프랑스의 고등학생 공쿠르상 이야기를 지인들에게 하면 그런 말이 돌아오기 일쑤였다. 어른들은 '요즘 애'들이 그런 걸 제대로 할 리 없다고 쉽게 단정 짓는다. 하지만 이 요즘 애들로 이루어진 심사위원들의 면면은 매우 다채로워 문과생은 물론 이과생, 직업고등학교 학생도 있다. 쉽게 말해 보통의 고등학생이다. 특별히 학력이 높은 학생들만 모아 놓은 게 아니라는 얘기다.

고등학생 공쿠르상 참가를 신청하는 사람은 국어 교사다. 참가하게 된 학생들의 첫 반응에는 자부심과 호기심 그리고 불안감이 뒤섞여 있다.

2006년도에 참가한 파리 교외 에바리스트 갈루아 고등학교 학생들의 『고등학생 공쿠르상 일지』를 살펴보자.

평소와 다름없는 새 학기, 각자 자신이 배정받은 반으로 향했고 모든 것이 평범하게 흘러갔다. 앞으로 있을 일은 까맣게 몰랐다.

9시 2분, 신임 교장선생님의 인사말을 건성으로 듣고 있는데 어떤 한마디가 갑자기 우리의 주의를 끌었다. "……이번 연도에 우리 에바리스트 갈루아 고등학교 1학년 학급이 제19회 고등학생 공쿠르상 심사에 처음으로 참가하게 되었습니다……." 고등학생 공쿠르상…… 들어 본 적 있었다. 참가하는 반은 운이 좋군! 별 기대는 없었지만 그게 우리 반이기를 은근히 바랐다.

그런데 그때! "1학년 3반"이 호명된 것이다. 순간 웅성거리는 소리와 함께 우리는 서로의 얼굴을 쳐다봤다. 주사위는 던져졌다.

첫 국어 수업. 처음 만난 루세 선생님이 앞으로 두 달 동안 진행하게 될 프로젝트에 관해 열심히 설명했다. 한 시간에 걸친 설명을 듣자 머릿속이 겨우 정리되었다. 그러니까 정규 공쿠르상 후보작에 오른 문학 작품 13편을 읽고, 그중에서 우리 고등학생들이 수상작이라는 명예로운 띠지를 두를 책 한 권을 고른다는 것이다……

후보작 중에 조나탕 리텔의 908쪽짜리 대작 『착한 여신들』이 포함되어 있다는 사실을 알았을 때는 솔직히 기가 좀 눌렸다. 설상가상으로 작은 글씨가 엄청나게 빽빽이 들어찬 책이었다.

이 책이 다가 아니다! 두 달 동안 총 4447쪽을 읽어야 하는데 하루로 따지면 100쪽 가까이 된다. 다른 수업도 있고 숙제도 해야 한다. 큰일 났다 싶었지만 걱정만 하고 있을 때가 아니었다.

그해 12월, 나는 에바리스트 갈루아 고등학교를 방문해 이 학급 학생 35명을 만났다. 고등학생 공쿠르상 참가 소식을 듣고 처음에 어떤 생각이 들었는지, 후보작 13권을 읽어야 한다는 사실을 알고 어떤 기분이었는지 학생들에게 물었다.

참가 소식을 들은 첫 느낌에 관해서는 긍정적인 답변이 많았다.

"재미있을 것 같았다" "좋은 경험이 될 것 같았다" "여느 해와는 다른 한 해가 될 거란 기대감이 들었다" "우리 손으로 한 작가에게 명성을 안겨 줄 상에 참여할 수 있어 기뻤다" "고등학생 공쿠르가 뭔지 몰랐다" 등등…….

반면 13편을 읽어야 한다는 사실을 알고 대다수가 불안했다고 답했다.

"908쪽이나 되는 책이 포함되어 있다는 걸 알고 가슴이 덜컥했다" "두 달 만에 13권을 읽는 건 말도 안 되는 일이라고 생각했다" "전부 모르는 작가의 작품이라 흥미가 생길 것 같지 않았다" "어차피 다 읽는 건 불가능하니 재미있어 보이는 책만 읽어야겠다 싶었다"…….

학생들 입장에서 이 전국적인 문학 이벤트에 참여한다는 건 자랑스러운 일이다. 하지만 두 달 안에 13권을 읽어야 한다는 현실 앞에서 태평하게 기뻐하고 있을 수만은 없다. 마침 9월 신학기가 시작된 직후였다. 에바리스트 갈루아 고등학교처럼 참가 학급이 1학년인 경우, 학생들은 이제 막 고등학생이 된 새내기다. 어른 책을 처음 읽는 학생도 있다. 과연 이 '독서 마라톤'을 완주할 수 있을까. 불안감이 고개를 든다. 그렇지만 막상 시작하면 열기가 점점 고조된다. 어쩔 줄 몰라 하던 학생들도 어느새 푹 빠져든다. 고등학생 공쿠르에는 일종의 마력 같은 게 있다.

　　35명 모두에게 결과적으로 공쿠르에 참여하길 잘했다고 생각하는지 묻자, 대부분이 참여하길 잘했다고 자신 있게 말했다.

　　고등학생 공쿠르상 수상작은 최근 일본에서도 주목받고 있다. 일본어로 번역된 작품도 적지 않다. 2000년 이후 수상작만 봐도 『알라는 손을 놓고』(아마두 쿠르마, 2000년 수상작), 『바둑 두는 여자』(샨사, 2001년 수상작), 『파라고』(얀 아페리, 2003년 수상작), 『비밀』(필리프 그랭베르, 2004년 수상작), 『마그누스』(실비 제르맹, 2005년 수상작)가 출간되었고, 2007년 수상작인 『브로덱의 보고서』(필리프 클로델)도 번역이 진행되고 있다.*

고등학생 공쿠르상의 구조

고등학생 공쿠르상의 가장 큰 특징은 교육부라는 공공기관과 프낙서점이라는 사기업의 파트너십으로 성립된다는 것이다. 프낙서점은 56개 도시에 총 72개 점포

---

* 2009년에 출간되었다. — 역자 주

(2007년 기준)를 거느린 프랑스 최대 서점이다.

교육부 측은 매년 전국에서 참가 희망 학교를 모집해 시작부터 수상작 발표까지의 일정을 짜고 참가 학교 연락망을 구축한다. 프낙서점에서는 참가 학교에 후보 작품을 무료로 제공한다. 교육부 입장에서는 독서 교육, 서점 입장에서는 젊은 층 시장을 개척하기 위한 홍보 전략인데, 고등학생에게 독서를 장려하고 읽는 즐거움을 발견하게 한다는 목적은 상통한다.

고등학생을 심사위원으로 하는 이 문학상이 유명해진 데에는 '공쿠르'라는 네이밍도 결정적인 역할을 했다.

공쿠르상은 19세기의 형제 작가 줄 공쿠르와 에드몽 공쿠르의 이름을 딴 문학상으로, 형 에드몽의 유언에 따라 1903년에 제정되었다. 심사는 비영리법인 공쿠르 아카데미에서 맡는다. 아쿠타가와상과 달리 공쿠르상 선정은 1년에 한 번이고 수상작은 딱 한 작품이다. 프랑스 문학계에 군림하는 이 아카데미는 고등학생이 공쿠르라는 명칭을 사용하는 데 동의했다.

매년 9월 초, 공쿠르상 1차 전형에서 후보에 오른 작품이 발표된다. 고등학생의 심사 대상이 이 후보작들이다. 해마다 12~15편쯤 후보에 오르는데 2004년도에는 14편, 2005년도에는 12편, 2006년도에는 13편, 2007년도에는 15편이었다.

공쿠르 아카데미와 고등학생 심사위원들이 같은 작품 목록에서 출발해 따로 심사를 진행하는데, 양쪽의 결과가 일치하는 경우는 드물다. 지난 20회 가운데 공쿠르상과 고등학생 공쿠르상 수상작이 겹친 건 고작 네 번이었다.

고등학생 공쿠르상은 다음과 같은 단계를 거쳐 진행된다.

우선 참가 학교를 선발한다. 참가를 희망하는 고등학교는 4월 무렵부터 신청을 한다. 그중 57~58개 학교를 선정하는데, 가급적 전국에 골고루 분산되도록 하여 6월 중에 결정한다. 같은 지역에서 여러 고등학교가 지원했다면 선착순으로 정한다. 같은 학교가 연속으로 참가할 수 없기 때문에 선정되지 않은 학교는 다음 기회를 노릴 수 있다.

여름방학이 시작되는 7월 초에 전국 참가 학교 담당교사들이 파리에 모이고, 전국 코디네이터를 맡은 교사에게 일정과 규칙에 관해 설명을 듣는다.

방학이 끝난 9월 초, 공쿠르 아카데미는 1차 전형을 통과한 후보작 10여 편을 발표한다. 이때부터 고등학생 공쿠르상 심사가 시작된다.

각 학교의 참가 학급에 해당 지역 프낙서점에서 작품을 보낸다. 한 작품당 7~8권씩, 총 100권쯤을 프낙서점 커뮤니케이션(홍보) 담당자가 직접 학급에 전달한다. 이날이 학생들이 후보작과 처음 만나는 날이다. 세리머니 같기도 하고 파티 같기도 한 오프닝 이벤트에는 케이크와 음료 등도 정성껏 준비된다. 신문기자, 때로는 라디오나 TV 취재진도 동석한다.

¶

두 달에 걸친 독서와 토론의 막이 열린다.

강행군을 요구받는 건 학생뿐이 아니다. 교사 역시 엄청난 에너지를 쏟아야 한다. 후보작은 모두 출간된 지 얼마 안 되어 교사도 읽어 보지 못한 책이 대부분이다. 매뉴얼도 지도 요령도 없다. 그런 의미에서 학생과 교사는 같은 출발선에 선다.

공쿠르 심사 학급은 사서교사의 협조 아래 국어교

사가 지도하는 것이 일반적 원칙이지만, 학교에 따라서는 다른 과목 교사들이 조력자를 자청하기 때문에 평상시 수업에서는 보기 힘든 협력 체제가 이루어진다. 나중에 살펴볼 가스통 바슐라르 직업고등학교에서는 국어교사와 수학교사가 한 팀을 이루어 공쿠르 수업을 진행했다. 앞에서 살펴본 에바리스트 갈루아 고등학교에서는 사서교사 두 명이 적극적으로 나섰고, 이들이 국어교사를 설득해 공쿠르 참가를 성사시켰다.

이처럼 공쿠르 참가 방식은 고등학교마다 다양하다. 하지만 기본 규칙은 교사가 학생의 발언을 이끌어내고 토의를 활성화시키는 코디네이터 역할을 수행해야 한다는 것이다. 학생의 이해를 돕기 위해 난해한 부분은 해설해야 하지만 작품에 관한 교사 자신의 평가나 의견을 밝히는 건 일절 금지다. 또 한 가지 중요한 규칙은, 공쿠르 수업은 희망자만 참여하는 보충 수업이나 클럽 활동 같은 개념이 아니라 학급 전원이 참가하는 정규 국어 수업으로 진행해야 한다는 것이다.

학급 3편, 지역 3편, 최종 심사

고등학생 공쿠르상의 기본은 각 학급에서 이루어지는 독서와 토의다. 토의를 거듭해 각 학급에서는 후보작 가운데 가장 뛰어나다고 평가하는 작품 세 편을 골라야 한다. 이것이 '학급 3편'이다.

묵독과 낭독 시간, 소그룹끼리의 의견 교환, 각 후보작에 관한 서평 발표, 학급 전원 토론 등 공쿠르 수업은 다양한 형태를 취한다. 빡빡한 스케줄 중간중간 다과를 곁들인 휴식 시간도 잊지 않는데 이것이 바로 리듬을 유지하는 한 가지 비결인 듯하다.

저자와의 만남은 학생들이 가장 기대하는 행사다. 프낙서점에서 지역별로 개최하며 극장을 빌려 진행한다. 비용은 모두 프낙이 부담한다. 후보작 저자 전원에게 초청장을 보내지만 불참자도 있기에 참석하는 작가는 대개 10명 안팎이다.

저자와의 만남에서 주도권은 어디까지나 학생 쪽에 있다. 저자 측은 연설이나 강연 같은 것은 일절 하지 않고 오로지 고등학생들이 던지는 질문에 답해야 한다. 질문도 모두 각 학급에서 준비하는데 이 만남을 앞두고 학생들의 토의는 무척 활기를 띤다.

앞서 언급한 에바리스트 갈루아 고등학교의 『고등학생 공쿠르상 일지』에는 저자와의 만남이 있었던 날이 이렇게 기록되어 있다.

드디어 실현! 저자들과의 만남이 이루어졌다. 적잖은 노력이 들어가긴 했지만. 우리는 학교에서 역까지 10만 센티미터(몇 킬로미터인지는 알아서 환산하시라)를 걸어, 교외 전철을 타고 샹젤리제로 가서, 극장에 마련된 행사장으로 들어갔다. 우리는 프낙서점 대표와 취재진의 마중을 받으며 계단식 관람석에 자리를 잡았다. 행사가 시작되고 얼마 지나지 않아(저자들은 아직 등장하기 전이었다) 우리 반 여섯 명이 언론 인터뷰에 응하기 위해 다른 방으로 불려 가는 '행운'을 얻었다. 나중에 본인들에게 듣기로는 그 기자는 질문은 하지 않고 자기가 떠들기 바빴다나…… 뭐, 그러거나 말거나. 그러는 사이에 참석한 작가 중에서 우선 다섯 명이 무대로 올랐다. 우리는 작가들에 관해 많은 걸 알 수 있었다. 동문서답을 하는 작가도 있긴 했지만.
한 시간이 지나자 간식을 기다리다 지친 학생들의 배

에서 나는 불평 섞인 꼬르륵 소리가 작가들의 목소리와 겹치기 시작했다. 하지만 모두 예상한 일이었다. 16시 30분, 배고픈 고등학생 무리가 행사장에서 나오자 뷔페 테이블에 맛있는 음식들이 차려져 있었다. 접시가 텅 비기까지는 그리 오랜 시간이 걸리지 않았다. 하지만 게걸스레 먹는 학생들과 달리 저자에게 사인을 받으려고 줄을 서느라 끝내 음식에는 입도 못 댄 학생들도 있었다.

휴식 시간이 끝나고, 배가 차서 느긋해진 고등학생들이 다시 자리에 앉았다. 그러자 이번에는 새로운 작가들이 보도진의 플래시 세례를 받으며 무대에 등장했다…….

학생들은 종종 저자에게 직설적인 질문을 던진다. "지금까지 어떤 직업을 경험했나요?" "작가가 되기로 마음먹은 건 언제죠?"처럼 작가의 삶에 관한 것도 있고, "대화에 비속어가 사용되었는데 어떤 의도죠?" "실존 인물이 모델인가요?" "성 묘사가 많은 것 같은데 모든 걸 성으로 설명할 수 있다고 생각하시나요?"처럼 작품 내용에 관한 질문도 있다.

일반적으로 작가들은 학생들의 질문에 진지하게 대답한다. 작가의 육성을 직접 듣는 건 학생들에게 매우 긍정적인 영향을 준다. 이 이벤트를 계기로 독서에 진지하게 임하게 되었다는 학생도 적지 않다. 작가라는 직업에 관한 인식이 깊어지는 기회이기도 하다. 글만 써서 먹고사는 작가는 극소수에 불과하고 상당수는 부업으로 생활한다는 현실을 알고 학생들은 자신들이 짊어진 역할의 크기를 자각한다.

11월 초에 만성절 휴일이 며칠 있는데 그때를 전후해 참가 학급은 전원 투표로 '학급 3편'을 선출한다. 투표 방식에 특별한 규칙은 없지만 저마다 고른 세 편을 투표용지에 적고 이를 모두 집계해 '학급 3편'을 정하는 것이 일반적인 듯하다.

'학급 3편'과 함께 자신들의 의견을 대변할 학급 대표 1명을 선출한다. 대표가 되고 싶은 학생이 입후보하면 투표로 결정된다.

다음 단계는 지역 심사위원회다. 이때 '지역'은 행정 단위와는 무관하며 프낙서점의 점포 소재지를 기준으로 만들어진 구분이다. 프랑스 전역이 고등학생 공쿠르를 위해 다음 6개 지역으로 나뉜다. 파리 및 수도권 지역, 북서부 지역, 북동부 지역, 남서부 지역, 남부 지역, 론 알프 지역.

각 지역 심사위원회는 각 학급에서 선출된 대표들로 구성된다. 지역 심사위원회는 논의를 거쳐 가장 뛰어나다고 여겨지는 작품인 '지역 3편'과 함께 지역 대표 2명을 투표로 선출한다. 학급 대표가 지역 심사위원회에 참석하는 교통비는 각 학교에서 부담하지만, 심사장 사용료나 회의 종료 후 학생·동반 교사·프낙 담당자가 함께하는 회식 비용은 프낙에서 부담한다.

그러고 나면 드디어 최종 심사다.

최종 심사자는 6개 지역 대표 12명과 외국 고등학교 대표 1명까지 총 13명이다. 심사장은 첫머리에서 언급한 대로 브르타뉴의 렌느에 있는 레스토랑 라 쇼프. 렌느는 고등학생 공쿠르상의 발상지이며, 라 쇼프는 제1회 때부터 줄곧 최종 심사를 위한 장소를 제공해 왔다.

이렇게 고등학생 공쿠르상 수상작이 결정되는데, 결과 발표 모습은 전국에 TV로 생중계된다. 각 지역 대표가 렌느까지 가는 교통비, 심사장 비용, 수상작 발표 후 회식 비용까지 모두 프낙서점에서 부담한다.

고등학생 공쿠르상은 수상작을 결정하면서 결승선

에 이른다. 하지만 여기서 끝이 아니다. 두 달에 걸친 독서 마라톤이 앞으로 지속적인 독서 활동으로 이어질 수 있도록 다양한 기획이 이루어진다. 가령 에바리스트 갈루아 고등학교의 사서교사들은 이참에 점심시간에 학교 도서관에서 문학 카페를 열고 싶다고 했다.

어떤 지역에서는 공쿠르 피날레를 문학 이벤트로 개최하기도 한다. 가장 규모가 큰 행사는 수상작 발표 한 달 뒤 렌느를 중심으로 한 서부 지역에서 열리는 「공쿠르의 만남」으로 1991년부터 열렸다. 이 지역 참가 학급 학생 전원이 한자리에 모여 수상 작가와 언론인, 공쿠르 아카데미 회원 들과 함께 다양한 워크숍을 진행한다. 프랑스 남부 몽펠리에 시에서도 2002년부터 이 같은 이벤트를 진행해 왔다.

「공쿠르의 만남」을 여는 주체는 렌느 시에 설립된 '읽는 소리'라는 비영리법인이다. 프낙서점은 관여하지 않는다. 이 문학 이벤트의 재원은 렌느 시, 브르타뉴 지방의회, 바스 노르망디 지방의회, 렌느 학구ⓘⓘ, 브르타뉴 지방문화사업국 등에서 나오는 보조금이다.

'읽는 소리'에는 또 하나의 역할이 있다. 프낙의 지점이 없는 농촌 지역 학교의 참가 학급을 위해 프낙 대신 후원자 역할을 하는 것이다.

이 경우 후보작 구입비는 지방의회에서 부담하지만, 언론인이나 작가와의 교류 등 원래 프낙이 제공하는 서비스는 '읽는 소리'에서 대신 수행한다. 하지만 그런 고등학교는 극소수라 2006년도에는 5개교뿐이었다. 최근 들어서는 농촌 지역 고등학교 후원도 프낙서점이 맡게 되었다.

'읽는 소리'는 고등학생 공쿠르상에 맞춰 서평 경연대회를 주최한다. 응모하려는 학생은 후보작 중 한 편을 골라 서평을 쓴다. 렌느를 중심으로 하는 서부 지역으로 한정되어 있지만 공쿠르 참가 학교 학생이 아니더라도 응모할 수 있다. 2006년 응모자 수는 768명이었다.

이 서평들을 놓고 교사 12명으로 구성된 심사위원단이 1차 심사를 하고, 여기서 선정된 60편 가운데 언론인과 지방의원으로 구성된 심사위원회에서 수상작 10편을 결정한다. 공정을 기하기 위해 응모자의 이름과 학교명을 가린 채 심사가 진행된다.

이처럼 고등학생 공쿠르상은 단순히 고등학생이 한 권의 작품에 상을 주는 것으로 끝나는 이벤트가 아

니라 다양한 활동과 행사가 함께하는 대규모 문학 축제
이자 독서 장려 운동이다.

고등학생 공쿠르상의 메카, 레스토랑 라 쇼프

2005년 11월 7일, 렌느.

시내 중심가 인근에 있는 레스토랑 라 쇼프는 정
오가 지나자 신문사와 방송국 취재진으로 붐비기 시작
했고, 어느덧 2층으로 가는 계단까지 사람들이 꽉 들어
찼다.

TV 카메라가 만반의 준비를 마치고 기다리고 있다.
이쪽저쪽 테이블에 놓인 파이며 오픈 샌드위치, 프티 푸
르* 쟁반은 어느새 거의 비어 있다.

각 지역 대표 고등학생 13명이 수상작을 결정하는
최종 심사를 하러 라 쇼프에 모습을 드러낸 것은 오전
9시가 조금 넘은 시각이었다. 고등학생 심사위원들이
2층 살롱으로 들어간 지 벌써 세 시간이 흘렀다. 결과
발표는 12시 30분쯤 난다고 들었는데 40분이 되도록
심사위원들이 나오지 않는다. 얼마나 열띤 논쟁이 펼쳐

---

* 디저트로 먹는 한 입 크기의 과자나 케이크. — 역자 주

지고 있는 걸까.

고등학생들의 심사에 입회할 수 있는 사람은 교육부 측 전국 코디네이터 르 빌리오 선생님과 프낙 측 전국 코디네이터 안느 주메리 씨뿐이며 그 외에는 누구도 입실이 허용되지 않는다. 언론인과 카메라맨 들은 속을 태우며 아래층에서 기다릴 수밖에 없다. 다들 틈만 나면 시계를 본다. 슬슬 살롱 문이 열릴 때가 됐는데…….

라 쇼프 앞에는 수많은 고등학생이 진을 치고 있다. 지난 두 달간 열심히 후보작을 읽고 토의에 토의를 거듭해 온 학생들이다. 이들도 결과 발표 순간을 목이 빠져라 기다리고 있다.

12시 50분, 드디어 고등학생 심사위원단이 모습을 드러낸다. 순식간에 수많은 취재진에 둘러싸인 학생들은 하나같이 놀란 표정이다. 심사위원 13명을 대표해 한 남학생이 마이크를 잡는다. 렌느에서 동쪽으로 670킬로미터쯤 떨어진 메스 시에서 온 시몽이다.

여러분!

프낙서점과 교육부가 공동으로 주최하고 공쿠르 아카데미의 협조로 조직된 2005년도 고등학생 공쿠르상 심사위원회가 방금 심사를 마쳤습니다.

고등학생 공쿠르상 2005년도 수상작은 우리에게 감동과 놀라움을 안겨 준 실비 제르맹의 『마그누스』로 결정되었습니다.

최종 투표에서 『마그누스』가 7표, 야스미나 카드라의 『테러』가 4표, 올리비에 아당의 『낭떠러지』가 2표를 얻었습니다.

감사합니다.

대기하던 고등학생들에게서 와아 하는 환호성과 박수가 터져 나오고, 취재진의 마이크가 일제히 어린 심사위원들을 향한다. TV 카메라가 이 장면을 생생히 중계한다.

취재진의 인터뷰 공세를 받는 고등학생 심사위원들에게 접근하기란 쉽지 않다. 간신히 그중 한 명인 마르슬린에게 최종 심사위원회 상황을 전해 듣는다. 렌느 근교에 있는 콩브루의 샤토브리앙 고등학교 여학생이다.

"코디네이터 르 빌리오 선생님은 아무런 참견도 하지 않고 우리가 자유롭게 회의를 진행하도록 맡겨 주셨어요. 진행자도 정하지 않았죠. 우선 반에서 한차례 토론하고 나서 지역 심사위원회를 거쳐 뽑혀 온 거라 우리는 진행자가 없어도 토의할 수 있어요. 우리는 한 작품 한 작품을 놓고 이야기를 나눴어요. 찬성하는 사람이 먼저, 이어 반대하는 사람이 의견을 말하는 식으로 진행했어요."

지역 심사 단계에서는 세 편을 고를 수 있어 비교적 평화로운 분위기에서 토의가 이루어졌지만, 최종 심사에서는 한 편밖에 선택할 수 없기 때문에 긴박한 공기가 감돈다고. 특히 야스미나 카드라의 『테러』를 지지하는 쪽과 실비 제르맹의 『마그누스』를 지지하는 쪽이 정면으로 맞섰다.

『테러』는 팔레스타인과 이스라엘의 분쟁을 배경으로 한 이야기, 『마그누스』는 제2차 세계대전 중 폭격으로 기억을 잃은 소년의 이야기다. 둘 다 무거운 주제를 다루고 있지만 『테러』쪽이 현실성이 있다.

"처음에는 다들 『테러』가 뽑힐 거라 생각했어요. 그런데 의견을 주고받다 보니 형세가 달라졌어요. 모두가 공감할 수 있고 독창성이 있는 작품이 좋다는 생각이 기본에 깔려 있었거든요. 『테러』가 더 읽기 편한 건 맞지만 『마그누스』에는 독창성이 있고 표현도 훨씬 풍부해요. 우리는 최대한 냉정하게 논의하려고 노력했지만 시간이 갈수록 점점 치열해졌어요. 그중에서도 특히 격렬하게 부딪친 학생이 둘 있었고요. 시간이 초과되어 투표에 들어갔고 꽤 많은 차이로 『마그누스』가 뽑혔죠."

그렇긴 해도 모든 심사위원이 두 작품의 가치를 인정하고 있었다. 나쁘기만 한 작품도 없고 좋기만 한 작품도 없지만 둘 중 하나는 꼭 선택해야 했다. "만약 수상작이 이 두 작품 중 하나가 아니었다면 아마 참여한 학생들 대부분이 실망했을 거예요." 심사위원을 대표해 언론인 앞에서 결과를 발표한 시몽은 『테러』를 강력하게 지지한 학생이었다고 한다.

라 쇼프 주변은 여전히 어수선했지만 한쪽에 렌느시 교사들 서너 명이 모여 있었다. 그들에게 다음 순서를 묻자 점심 이후 스케줄을 알려 주었다. 고등학생 심사위원들은 시청으로 가서 렌느 시장, 프낙서점 사장, 공쿠르 아카데미 회장을 만나고 그곳에서 뷔페 식사를 한다. 오후에는 인근 참가 학교 학생들이 전부 렌느로 와서 시 공회당에서 열리는 콘서트와 댄스 행사에 참여한다. 그런 다음 고등학생 심사위원들과 인근 참가 학교 학생들이 다 같이 모임을 하는데, 이 자리에는 교육부 장관과 프낙서점 사장, 공쿠르 아카데미 회장 등이 참석한다. 수상자 실비 제르맹도 그때쯤이면 렌느에 도착할 것이다. 안타깝게도 나는 저녁까지 파리로 돌아가야 해서 오후 행사에는 참가하지 못했다.

창설자 베르나르 르 도즈가 말하다

2006년 5월 프랑스에 갔을 때 다시 렌느를 방문해 고등학생 공쿠르상 창설자인 베르나르 르 도즈 씨를 만났다. 지금 그는 시 예술·문화유산과에 근무한다. 문학상 창설에 관한 자세한 얘기를 듣고 싶었는데 마침내 이루어졌다.

르 도즈 씨와 점심을 함께하기로 했다. 전화기 너머에서 "어디서 만날까요?" 하고 묻기에 나는 즉시 "라 쇼프"라고 대답했다.

취재 열기로 뜨거웠던 그날의 레스토랑과는 전혀 다른 곳 같았다. 평상시의 라 쇼프는 아늑하고 차분하며 고급스럽지는 않지만 세련된 분위기였다. 베이지 톤으로 통일된 인테리어, 벽에 걸린 그림과 장식품들, 그 모든 것이 어우러져 수수한 멋을 자아냈다. 르 도즈 씨가 예약을 해 놓았다.

그는 고등학생 공쿠르상 최종 심사가 이루어지는 2층 살롱을 구경시켜 주었다. 예술가와 문학인의 모임 장소로 자주 이용된다고 한다. 짙은 갈색 벽과 같은 색 의자에서 무게감이 느껴졌고, 그에 대비되어 새하얀 식탁보가 한층 돋보였다. 이 살롱에서 벌어지는 고등학생 심사위원들의 논쟁을 방청할 수 있는 언론인은 단 한 명도 없다.

2층으로 올라가는 계단 벽에는 공쿠르의 다양한 장면을 찍은 사진들이 붙어 있었다.

르 도즈 씨의 추천대로 송어 요리를 주문했다. 곁들여 나온 채소와 잘 어우러져 담백하니 맛있었다. 가격도 합리적이라 점심시간이면 늘 만석이라고 한다.

식사를 하면서 르 도즈 씨가 공쿠르 창설 경위를 들려주었다.

20년 전, 그는 교사 일과 병행해 일주일에 몇 시간씩 렌느 학구 본부에서 국어 교육자료 편찬을 맡고 있었다. 그래서 발이 넓었고 프낙서점 커뮤니케이션 담당자 브리지트 스테팡 씨와도 친했다. 당시 젊은이들의 독서 기피 현상이 사회 문제로 대두되었다. 이는 교사에게도 서점에도 중대 문제였기에 스테팡 씨와 대화할 때도 자주 화제에 올랐다.

"언젠가 학생들이 책을 읽게 만들 획기적인 아이디어가 뭐 없을까, 둘이서 고민했던 적이 있어요. 나는 학생들의 독서 의욕을 자극할 무언가를 하고 싶었고, 스테팡 씨는 젊은 층에게 프낙서점을 홍보하고 싶어 했죠."

오래전 일이라 이 논의가 어떻게 발전되었는지는 기억이 확실치 않지만 이야기는 이렇게 마무리되었다고 한다.

"스테팡 씨는 무료로 책을 제공하고 나는 그 책을 읽고 토의할 학생들을 모으기로 했어요. 읽을 책은 공쿠르상 후보작으로 정했고요. 뭔가 명확한 목표가 있어야 토론도 활기를 띨 테니, 학생들이 스스로 수상자를 결정하도록 했어요."

우선 렌느 시 국어교사 10명을 모으는 것부터 시작했다. '10'이라는 숫자를 고집한 건 공쿠르상 심사가 10명의 공쿠르 아카데미 회원에 의해 이루어지기 때문이었다. 당시만 해도 아직 '고등학생 공쿠르상'이라는 명칭은 없었지만 고등학생을 심사위원으로 하는 공쿠르상 같은 걸 해 보고 싶다는 의도는 있었다. 어쨌든 프랑스에서 가장 권위 있는 문학상이니 고등학생에게도 통하리라 믿었다.

국어교사를 모으는 일은 어렵지 않았다. 파리 같은 대도시와 달리 이 작은 도시에서는 교사들 간의 유대가 깊었다. 시기도 좋았다. 1980년대는 미테랑 사회당 정권 시절로, 문화부에서 독서 장려에 힘쓰던 때라 참신한 시도가 요구되고 있었다.

그 무렵 교사 상당수는 학창 시절에 1968년 운동*을 체험한 사람들이라 제도의 틀을 깨려는 경향이 강했다. 학교 커리큘럼에 얽매이지 않는 프로젝트를 내놓겠다는 의욕이 왕성했고 르 도즈 씨도 그중 한 명이었다.

교사 10명이 금세 그의 제안에 동참했다. 그동안 다양한 모임에서 교육 문제를 논의해 온 친구들이자 현 상황을 어떻게든 타개하고 싶다는 생각으로 맺어진 동료들이었다.

두 달에 걸쳐 평소와는 전혀 다른 수업을 진행해야 하기에 먼저 렌느 학구장에게 그 뜻을 편지로 전달

---

* 1968년 프랑스에서 학생들의 주도로 시작된 정부 저항 운동. — 역자 주

했다.

"아무런 답이 없었어요. 20년이 지난 지금도 답장을 기다리고 있어요." 르 도즈 씨가 천연덕스럽게 말했다.

학교장은 일절 참견하지 않았다. 학교장은 원래 돈드는 일에만 말이 많은데, 책은 프낙서점에서 무상으로 제공하기 때문이었다.

교사 10명은 저마다 열정적으로 독서를 북돋웠고 학생들도 그에 부응해 토론 열기가 고조되었다. 이어 10개 학급에서 각각 대표자 한 명씩을 선출했고, 최종 심사는 이들 10명 대표가 레스토랑 라 쇼프에서 진행하기로 했다.

애초에 공쿠르상을 염두에 두고 만든 것이라 최종 심사 날은 공쿠르상이 결정되는 날과 겹치게 했다. 그리하여 1988년 11월, 고등학생을 심사위원으로 하는 첫 문학상 발표가 거행되었다. 수상작은 에릭 오르세나의 『식민지 전시회』였다. 프낙서점은 TV 채널 '프랑스 3'과 파트너십을 맺고 있었기 때문에 뉴스 프로그램에서 이 고등학생 문학 이벤트가 보도되었다.

공쿠르상 수상 작품이 결정된 건 그로부터 15분.

공교롭게도 동일한 작품이었다. 이 사실을 알고 수상 작가 에릭 오르세나는 크게 기뻐했다.

"뭐라고? 내가 공쿠르상을 받기 15분 전에 고등학생들이 내게 상을 줬다고? 그 고등학생들을 꼭 만나 봐야겠어!"

오르세나가 이 참신한 시도에 민감하게 반응한 건 미테랑 대통령의 문화 고문을 지낸 경력 때문이기도 할 것이다.

일주일 뒤, 에릭 오르세나는 렌느를 찾아 어린 심사위원들을 만났고, 그들과 점심을 함께하며 대화하는 데 그날 오후를 꼬박 썼다. 이 일이 신문에 나면서 첫 시도는 대성공으로 마무리되었으며 앞으로도 계속 이어 나갈 발판이 되었다.

"제1회를 계획했을 때만 해도 제2회도 있을 수 있다는 생각은 못 했어요. 그래서 상의 명칭도 생각 안 해 봤고요. 전국으로 확산시키려는 야심 같은 것도 전혀 없었어요."

오르세나가 고등학생 심사위원들과 회담한 것이 결과적으로 공쿠르 아카데미와의 가교 역할을 하게 됐으며 르 도즈 씨는 이 기회를 놓치지 않았다.

그는 고등학생이 주는 문학상에 '공쿠르'라는 명칭을 쓰게 해 달라고 요청했고, 공쿠르 아카데미에서 이를 수락했다. 그리하여 2년째부터는 '고등학생 공쿠르상'이라는 이름으로 불리게 되었다.

제1회는 이른바 '비합법 활동' 같은 것이었지만 큰 호평을 받으면서 렌느 학구 문화사업과에서 르 도즈 씨에게 연락을 취해 왔다. "대단히 흥미로운 기획 같으니 꼭 한번 이야기를 나눠 보고 싶습니다." 르 도즈 씨는 문화사업과에 들어오라는 제안을 받았고, 그리하여 고등학생 공쿠르상은 렌느 학구 문화사업의 일환으로 열리게 되었다.

그렇다고 해서 어떤 조직적인 지원이 있는 건 아니었기 때문에 각 학교와 접촉하는 일은 르 도즈 씨가 도맡아 했다. 제2회는 렌느 시뿐 아니라 브르타뉴 지방 전체에서 10개 학교를 모으기로 했다. 3회째가 되자 다른 지방에서도 참가 희망 학교가 나왔고 마침내 전국적인 이벤트로 확대되었다. 하지만 그때만 해도 참가 학교는 여전히 10곳이었다.

"1993년에 13곳이 되었고, 1997년에 52곳, 1998년에 54곳으로 참가 학교가 급속히 늘었어요. 프낙의 점포 확대와 나란히 진행되었죠."

　어차피 오래가지 못할 거라는 생각이 많았다. 사람들은 두 달 만에 10여 권을 고등학생에게 읽힌다는 무모한 발상이 그리 오래 지속될 리 없다고 보았다. 하지만 예상과 달리 고등학생 공쿠르상은 꾸준히 확산되었다.

　"공적인 틀이 아무것도 없었다는 게 보급의 이유예요. 렌느 학구에 편입된 문화사업이라, 교육부 주최라고는 하지만 실제로 교육부는 아무 일도 하지 않았어요. 주최자랍시고 괜한 방해를 하지 않았던 거죠."

　참가 학교가 10곳, 13곳이었을 때만 해도 각 학급 대표로 최종 심사위원회를 구성했지만, 40~50곳이 되자 그럴 수가 없었다. 그래서 학급 심사와 최종 심사 사이에 '지역 심사'라는 단계를 넣게 됐다. 지금은 고등학생 공쿠르상이 탄탄한 시스템으로 진행되고 있지만 이는 규모 확대에 따른 필연적 결과였다. 처음 시작할 때는 지금 같은 구조는 르 도즈 씨의 머릿속에 전혀 없었다.

　1995년, 처음으로 외국 학교가 참가했다. 체코의 프랑스어 고등학교였다. 그 뒤로 매년 몇몇 외국 고등학교가 참가하고 있다.

성공의 가장 큰 요인이 무엇이냐고 묻자, 르 도즈 씨는 진담인지 농담인지 모를 어조로 이렇게 대답했다.

"아마도 고등학생 공쿠르상을 때려치우자고 말할 용기가 아무에게도 없었기 때문이겠죠. 교육부는 작품 평가에 자신들이 전혀 개입할 수 없는 문학 이벤트를 용인해야 하고, 프낙서점은 회수율이 낮은 지역에도 출자해야 해요. 공쿠르 아카데미에는 자신들이 고른 작품보다 고등학생의 선택이 더 주목받는 걸 불쾌하게 여기는 사람도 있었을 테죠. 고등학생 공쿠르상 파트너 모두에게 불만의 소지가 있었어요. 하지만 아무도 브레이크를 걸지 못하고 있는 사이에 유명해져 버렸어요."

르 도즈 씨는 창설 이후 13년 동안 전국 코디네이터를 맡다가 렌느 근교의 국어교사 자니 르 빌리오에게 배턴을 넘겼다.

"그런데 내가 맡은 반이 고등학생 공쿠르상에 참가한 적은 한 번도 없어요."

"엇, 왜요?" 놀라서 물으니 그는 히죽 웃었다. "나는 고등학교 교사가 아니었거든요. 중학교 국어 선생이었어요!"

¶

일본에 돌아와 프낙서점 홈페이지에서 제1회 고등학생 심사위원이었던 셀린느 피테르의 수기를 발견했다. 이런 글이었다.

타임머신을 타고

1988년, 나는 열여섯 살에 고등학교 1학년이었다. 내가 학급 대표로 뽑힌 건 분명 예의 바르고 얌전한 여학생이 필요했기 때문이겠지! 독서는 좋아했지만 억지로 하는 건 딱 질색, 고등학생 공쿠르상의 첫 인상은 과도한 공부를 강요한다는 느낌이었다. 많은 책을 읽고 독서 메모를 써야 했으니까. 하지만 머지않아 반 전체가 의지를 불태웠다. 그룹별 토론, 각자 읽은 책에 관한 토의와 설명. 특히 좋았던 건 그 모든 걸 선생님의 개입 없이 했다는 것! 그런 적은 처음이라 매우 재미있었다.

그날

수상작 결정 날, 학급 대표들은 할 수 있는 건 다 했다는 심정이었다. 일의 중요성을 정말로 인식한 건 그날이었던 것 같다. 우리는 어른처럼 레스토랑에서 점심을 먹었다. 이미 언론 취재진이 와 있고 TV 스태프까지 있었다. 몇 작품을 놓고 망설였지만 결국 수상작으로 고른 건 에릭 오르세나의 『식민지 박람회』였다. 수상작 발표는 어른들의 공쿠르상 발표 15분 전에 이루어졌다. 그해 어른들이 뽑은 것도 오르세나였다. 매우 기뻤고 진지하게 임했던 우리가 자랑스럽게 느껴졌다.

어느덧 스무 살이 되다……

2007년, 고등학생 공쿠르상은 20회를 맞았다. 나이 어린 상인 줄로만 알았는데 생각해 보면 상이 심사위원들의 나이를 뛰어넘은 것이다.

아쉽게도 나는 그해 공쿠르 이벤트에 참가하지 못했지만, 예년보다 화려한 프낙 홈페이지를 통해 20주년을 성대하게 축하하는 모습을 엿볼 수 있었다. 프낙 사장의 인사말이 첫머리를 장식했고 역대 수상자들의 회상기가 실려 있었다.

기념비적인 제20회 고등학생 공쿠르상 수상작은 필리프 클로데르의『브로덱의 보고서』였다.

이 작품에는 나라 이름도 지명도 나오지 않는다. 브로덱은 산간벽지에 산다. 작은 면사무소에서 변변찮은 자리를 맡고 있다. 어느 날 이 마을에 큰 사건이 일어나고 브로덱은 그 보고서를 쓰라는 지시를 받는다. 그는 현장에 있었던 것도 아니고 중요한 서류를 작성할 만한 지위에 있지도 않다. 하지만 마을 유력자들의 요구는 위협에 가까웠다. 보고서를 쓸 사람은 너다.

어떤 사건이 벌어졌는지 곳곳에 의문스러운 구석을 남긴 채 독자들은 조금씩 진상을 알게 된다. 이 마을에 한 남자가 홀연히 나타났다. 출신지도 이름도 몰라서 마을 사람들은 '안더러'(타인)라고 부른다. 타인은 마을 사람들에게 공포심을 불러일으킨다. 자신들의 과거가 들춰지고 있다는 느낌을 받는다. 그리고 비극이 일어난다.

브로덱은 강제수용소에서 기적적으로 살아 돌아온 남자였다. 그 역시 타인이었다. 브로덱은 왜 자신이 보고서를 써야 하는지 안다. 면장은 너무 자세히 파헤치지는 말라고 귀띔했다. 하지만 브로덱은 면장의 충고와 달리 방대한 보고서를 써낸다. 사람들은 자기 삶의 평안을 지키기 위해 이질적인 자를 희생시킨다. 집단으로 자행된 범죄에 하수인은 없고 대신 깊은 곳에 상처가 남는다. 그 상처를 건드리려는 자를 사람들은 결코 두고 보지 않는다.

『브로덱의 보고서』는 제2차 세계대전 중에 일어난 일을 소재로 인간 사회에 잠재된 보편적인 문제를 파헤친 걸작이다.

고등학생 공쿠르상 최종 심사위원회에서는 종종 치열한 논쟁이 벌어지는데, 제20회 수상작만큼은 만장일치로 결정되었다. 가슴을 파고드는 이 작품이 고등학생들의 마음을 단단히 사로잡았다.

이 상의 스무 살을 축하하기에 걸맞은 작품이었다.

2장

참가 학교 프로필

2004년도 참가 학교
— 폴 두메르 고등학교

폴 두메르 고등학교는 파리를 왕관 모양으로 둘러싼 수
도권 한쪽의 발드마른 주에 있다. 프랑스의 고등학교
수준은 바칼로레아(대학 입학 자격시험) 합격률로 흔
히 비교되는데, 그 기준에 따르면 좋지도 나쁘지도 않
은 극히 평범한 학교다. 이 학교는 2004년 고등학생 공
쿠르상에 참가했다.

그해 고등학생 공쿠르상 수상작은 필리프 그랭베

르의 『비밀』이었다. 정신분석가가 쓴 자전적 소설이다. 몸이 약한 소년은 형제가 없는 게 외로워서 공상 속에서 힘센 형을 만들어 낸다. 유대인 가족이지만 부모님은 소년에게 그 사실을 절대 말하지 않았고, 전쟁 후 태어난 소년은 전쟁 중에 가족을 덮친 가혹한 운명을 모르고 자란다. 그러나 작은 실마리를 계기로 소년은 가족의 비밀을 알아채기 시작한다. 공상 속의 형이 실재했다는 것, 그 형이 여덟 살에 삶을 마쳐야 했던 이유…… 숨겨져 있던 사실이 점차 드러난다. 이 작품은 일본에서도 번역되어 큰 반향을 일으켰다.

그로부터 1년 뒤인 2005년 12월, 폴 두메르 고등학교에서 공쿠르 학급을 담당했던 부르제 선생님 댁에 초대받아 세 학생을 만나게 됐다. 록산느라는 여학생과 브누아와 도널드라는 남학생이었다. 우리는 살롱에서 홍차를 마시고 과자를 먹으며 이야기꽃을 피웠다. 탁자에는 '고등학생 공쿠르상 2004'라고 적힌 두꺼운 책자가 놓여 있었다. 학생들이 함께 쓴 공쿠르 일지다.

고등학생 공쿠르상에 참가했을 때 아이들은 1학년이었다. 1학년은 아직 계열이 나뉘지 않아 다양한 성향의 학생 37명이 한 반에 섞여 있었다. 2학년에 올라가면서 록산느, 브누아, 도널드는 셋 다 이과를 택했다.

"이과라고요!" 나도 모르게 깜짝 놀란 표정을 지은 모양이다. "이과도 책은 읽어요." 발끈한 학생들이 말했다. 맞는 말이다. 그러는 나도 이과 출신이다. 이과는 책을 읽지 않는다는 말을 들으면 참을 수 없다.

고등학생 공쿠르상 학급 대표를 선출할 때 록산느와 브누아가 입후보했고, 투표로 브누아가 뽑혔다. 도널드도 입후보하고 싶은 마음이 잠깐 들었지만 중간에 포기했다.

폴 두메르 학교가 고등학생 공쿠르상에 참가할 계기를 마련한 건 학교장 라리외 선생님이었다. 고등학생 공쿠르상 참가는 교장선생님의 오랜 꿈이었고, 그 꿈을 꼭 이뤄 달라는 말에 부르제 선생님의 마음이 움직였다. 그녀 또한 이 상에 관심이 많았다. 다른 교과에도 관심 있는 교사들이 있어서 금방 교사들의 협력 체제가 만들어졌다. 영어교사 한 명, 수학교사 한 명, 역사·지리교사 두 명까지 총 네 명이 공쿠르 수업 지원군으로 나섰다.

우선 응모 서류를 작성해야 했다. 이 절차는 역사·지리교사 중 한 명이 맡아 주었다.

2학년이 아닌 1학년 학급을 선택한 건 커리큘럼의 자율성이 높아 여유가 있기 때문이었다.

"처음엔 너무 힘들었어요. 저는 교실에 들어가 의욕 넘치게 소리쳤죠. '큰 프로젝트에 참여하게 되었습니다, 고등학생 공쿠르상입니다!' 그런데 학생들 대부분이 고등학생 공쿠르상이라는 이름만 들어 봤지 어떤 것인지 전혀 몰랐어요."

기운 넘치던 선생님은 힘이 쭉 빠져 버렸다. 이어 상의 구체적인 내용을 자세히 설명하자 곳곳에서 볼멘소리가 터져 나왔다.

"못해요, 말도 안 돼요, 하며 다들 투덜거렸어요."

"내심 좋다고 생각하는 학생도 일단은 불평을 했죠."

"다른 반 학생들이 부러워하니까 다들 으쓱했어요."

"지금까지 책이라고는 1년에 서너 권 읽는 게 다였는데 갑자기 두 달 만에 열네 권을 읽으라니 다들 불안했죠. 하지만 강제로 다 읽어야 하는 건 아니라고 하기에 마음이 좀 놓였어요."

"그러다 보니 점점 재밌어졌고, 마지막에는 하기 싫어하는 학생이 한 명도 없었던 것 같아요."

록산느, 브누아, 도널드가 입을 모아 말했다.

참가 학급 학생들은 후보작을 전부 읽어야 한다는 게 고등학생 공쿠르상의 한 가지 규칙이다. 하지만 학급 전원이 모든 작품을 다 읽는 건 실제로는 거의 불가능하기 때문에 어떤 기준을 세울지는 담당교사의 재량이다.

"50쪽을 읽어도 도저히 흥미가 생기지 않는 책은 마음을 움직이지 않은 책이니 더 이상 읽지 않아도 됩니다, 하지만 표지만 보고 포기하진 마세요, 후보작 중 최소 세 권은 읽으세요. 학생들에게 그렇게 말했죠."

결과적으로 그 말이 학생들의 불안을 거둬 주어 오히려 다들 독서에 몰두하게 됐다. "모든 작품을 다 읽었어요?"라고 물었더니 세 사람 모두에게서 "그럼요!"라는 위풍당당한 대답이 돌아왔다.

프낙에서 책을 전달하러 오는 날, 학교 다목적 홀에서 뷔페식 오프닝 파티를 열기로 하고 학부모 전원에게 초대장을 보냈다. 떠들썩한 오프닝이었다. 학생과 학부모, 부르제 선생님뿐 아니라 프낙서점 대표, 교장 선생님, 지원 교사 네 명, 거기에 신문기자 두 명이 참석했다. 어른들은 샴페인을 마셨다.

"오프닝 자리에서 바로 책을 나눠 주진 않을 생각이었는데 학생들이 흥미로운 얼굴로 책을 집어 드는 거예요. 그래서 그냥 각자 마음에 드는 책을 가져가라고 했어요. 작품에 따라 10권이 있는 책도, 8권이 있는 책도, 5권밖에 없는 책도 있었지만 전체 권수는 충분했으니까요."

14편의 후보작 저자 중 학생들이 이름을 아는 작가는 몇 명이나 됐을까. "한 명도 없었어요." 세 명 모두 그렇게 대답했다. 그래서 제목과 뒤표지의 해설, 북 디자인의 느낌만 보고 처음 읽을 책을 선택했다.

매주 금요일은 공쿠르 데이로 정해 오후 시간을 후보 작품에 관한 토의와 의견 교환에 할애했다. 지원 교사 네 명까지 합치면 선생님은 총 다섯 명. 학생들을 다섯 그룹으로 나누어 각 그룹에 선생님이 한 명씩 붙었고, 그룹별로 서너 권을 골라 토의했다.

한 반이 37명이라 처음부터 다 함께 토의하면 항상 말하는 학생만 말하다 끝날지 모른다. 중요한 건 일단 모든 학생이 의견을 말하는 것이다. 그룹으로 나눈 건 개개인이 발언하기 좋게 하기 위해서였다. 공쿠르 데이에는 늘 학급 전원이 함께하는 마무리 시간을 마련해 각 그룹 대표가 자신들의 토의 내용을 다른 학생들에게 발표했다.

금요일 이외의 국어 시간은 브루제 선생님이 혼자서 꾸려 갔다. 각 작품의 한두 페이지를 낭독하거나 책의 개요를 소개했다. 학생들에게 이 책에 관해 논하고 싶은 사람이 있느냐고 묻고 손을 든 학생에게 책 소개를 시키는 것부터 시작했다.

학생들의 독서가 어느 정도 진행되자 논거에 입각한 토론 방식으로 넘어갔다. 각각의 작품을 놓고 찬성 측과 반대 측이 한 명씩 의견을 발표한 뒤 토론에 들어갔다. 최종적으로 학급 전원이 세 작품을 뽑아야 하기 때문에 이번에는 그룹이 아닌 반 전체로 진행했다.

드디어 '학급 3편'을 고를 때가 왔다. 첫 번째 투표는 11월 초 만성절 휴일 전에 이루어졌다. 저마다 투표용지에 자신이 좋다고 생각하는 작품 세 편을 적는데 여기서 한 가지 문제가 생긴다. 모든 작품을 다 읽은 학생도 있지만 아직 절반도 못 읽은 학생도 있다. 그런데도 모두의 투표를 동등하게 계산해야 할까.

학교에 따라서는 다 읽은 권수별로 점수에 차이를 둔다. 예를 들어 모든 작품을 읽은 학생은 5점, 반 이상 읽은 학생은 4점, 반 이하로 읽은 학생은 3점이라는 식이다. 즉 같은 작품명을 적더라도 모두 읽은 학생은 다섯 표로 계산하고 반 이하로 읽은 학생은 세 표로 계산한다. 앞에서 살펴본 에바리스트 갈루아 고등학교는 이방식을 채택했다. 하지만 부르제 선생님은 읽은 권수와는 무관하게 학생들이 적은 작품을 똑같이 한 표로 계산하기로 했다.

두 방식에는 각각의 논거가 있다. 한쪽은 다 읽은 책의 권수를 고려하지 않는 것은 불공평하다고 생각한다. 다른 한쪽은 점수에 차등을 두는 건 적게 읽은 학생에게 페널티를 주는 셈이며 그것은 고등학생 공쿠르상의 정신에 어긋난다고 여긴다.

참고로 서로 다른 이 방식을 둘 다 시도한 학교도 있다. 나중에 언급할 렌느 시 근교의 아니타 콩티 고등학교가 그랬다. 담당교사는 우선 점수에 차등을 두는 방식으로 투표하게 했다. 하지만 학생들이 이의를 제기하자 이번에는 전원의 표를 동등하게 계산하는 조건으로 다시 투표했다. 양쪽의 결과는 조금도 다르지 않았고 '학급 3편'은 똑같은 작품이었다!

부르제 선생님의 반은 표수를 집계해 보니 동률이 있어 네 작품이 뽑혔다. 그래서 만성절 휴일이 끝난 뒤 재투표를 실시해 '학급 3편'을 결정했다. 필리프 그랭베르의 『비밀』, 플로리앙 젤레르의 『악의 매력』, 아멜리 노통브의 『배고픔의 자서전』이었다.

다음으로 파리 지역 심사위원회에 참석할 학급 대표를 선출해야 했다. 입후보한 사람은 여학생 두 명과 남학생 두 명으로 총 네 명이었다. 입후보자들은 차례로 앞에 나가 '학급 3편'을 자신이라면 어떻게 옹호할 것인지 각각 10분쯤 의견을 말한다. 이어진 투표에서 브누아가 첫 번째, 록산느가 두 번째로 많은 표를 받아 브누아가 학급 대표가 되었다.

파리 지역 심사위원회는 11월 5일 레스토랑 드루앙에서 열렸다. 매년 공쿠르 아카데미가 공쿠르상 결정을 위해 사용하는 그 레스토랑이다. 폴 두메르 고등학교의 공쿠르 일지에 학급 대표로 파리 지역 심사위원회에 참석한 브누아가 수기를 실었다. 심사장에서 찍힌 사진도 함께 실려 있다. 1년 전 모습이 무척 앳되어 보이지만, 브누아의 감수성은 결코 유치하지 않다.

2004년 11월 5일, 레스토랑 드루앙에서
예정대로 9시쯤 집합했다. 도어맨에게 코트를 건네고 멋진 붉은 카펫이 깔린 계단을 올라 심사가 이루어지는 살롱으로 들어갔다. 다른 고등학교 대표들도 자리에 앉아 진지하게 심사가 시작되기를 기다렸다. 대표들은 각자 자기 반이 선택한 작품 세 편을 발표했다. 선정된 작품들은 후보작 14편 가운데 총 8편이었다. 이 작품들이 심사 대상이다. 한 권씩 논의했다. 학급의 의견을 대표하는 형태로 토의가 이루어졌다. 바로 만장일치로 정해진 작품도 있다(『비밀』). 하지만 작품에 따라서는 치열한 논쟁이 벌어지기도 했다. 토의를 하는 두 시간은 너무 짧게 느껴졌다(코디네이터 선생님이 중단시키지 않았다면 계속 이어졌겠지……). 이어서 투표에 들어갔다.

필리프 그랭베르의 『비밀』은 1차 투표에서 과반수를 얻어 빠르게 선정되었다. 2차 투표에서는 에릭 포토리노의 『코르사코프』가 뽑혔다. 다음 투표에서는 아멜리 노통브의 『배고픔의 자서전』과 크리스티앙 가이이의 『마지막 사랑』이 치열한 접전을 펼치다가 4차 투표에서 마침내 『배고픔의 자서전』이 선정되었다.

다음으로 우리를 대표해 렌느에 가서 최종 심사를 할 위원을 선출하기 위해 두 차례 투표를 실시했다. 문과 2학년 여학생과 알제리 고등학교 1학년 여학생이 대표로 뽑혔다.

점심 무렵 공쿠르 아카데미 회장 에드몽드 샤를 루를 비롯한 아카데미 회원 여섯 명(미셸 투르니에도 있었다)들이 찾아왔다.

아카데미 회원들과의 대화는 대단히 인상적이었다. 중년의 작가들이 자신들에게 책이 얼마나 소중한 존재인지 이야기하는 대목에서 큰 감동을 받았다. "책 덕분에 새로운 생명을 얻었어요!"

우리가 심사 결과를 발표하자 모두가 갈채를 보냈다. 주방장이 와서 식사 준비가 다 되었다고 알렸다.

이렇게 근사한 경험을 하고 나니 평소의 단조로운 고등학교 생활로 돌아가기가 조금 고통스러웠다.

"최종 심사 대표가 되어 렌느에 가고 싶었나요?" 그렇게 묻자 브누아는 고개를 끄덕였다. "다들 대표가 되고 싶어 하니 투표용지에 두 사람 이름을 쓰기로 했어요. 자기 이름하고 다른 사람 이름이요." 부르제 선생님은 드루앙까지 브누아와 동행해 심사장 밖에서 기다리고 있었다. "심사장에서 나온 브누아 얼굴을 보고 전국 대표로 뽑히지 않았단 걸 바로 알아차렸어요." 동급생들도 반 대표가 전국 대표로 뽑히지 않은 걸 아쉬워했다. 하지만 '학급 3편' 중 두 작품이나 '파리 지역 3편'에 들었다는 사실에는 다들 크게 기뻐했다.

11월 8일 렌느에서 최종 심사가 열렸고, 필리프 그랭베르의 『비밀』이 수상작으로 결정됐다. 발표 시간에 학생들은 수업 중이었는데 부르제 선생님이 학교 TV로 보고 있다가 모두에게 결과를 알리러 교실로 달려갔다.

"그날 저녁 파리 콩시에르주리에서 프낙이 주최하는 큰 파티가 열렸어요. 우리 반 전원이 참석했죠. 수상자인 필리프 그랭베르가 와 있는 걸 보고 다들 난리가 났어요." 부르제 선생님의 말에 세 학생이 갑자기 피식거렸다. "얘네가 왜 웃는 줄 아세요? 술이 나왔거든요. 어른용으로 준비된 건데 학생들도 마셔 버려서……. 나중에 장학관에게 주의를 받아 문제가 좀 생기기도 했죠." 프랑스에서는 몇 살부터 음주가 허용되는지 물었더니 세 사람 다 고개를 갸웃거렸다. "열여섯 살인가?" "아냐, 미성년자는 못 마시니까 열여덟 살부터야!" 부르제 선생님은 원칙적으로 성인이 되고 나서, 그러니까 열여덟 살부터지만 맥주 같은 가벼운 술에는 암묵적인 허용이 있어 열여섯 살 정도부터 마실 수 있다고 본다.

하지만 그 허용에 관해서도 여러 입장이 있기 때문에 잘라 말할 수는 없다고.

폴 두메르 고등학교의 피날레는 11월 19일 저녁에 열렸다. 오프닝 때와 마찬가지로 학부모도 초대했다. 수상자인 필리프 그랭베르가 현장에 나타나자 학생들은 깜짝 놀랐다.

"고등학생 공쿠르상에 참여하길 잘한 것 같아요?" 그가 묻자 학생들은 이구동성으로 소리쳤다. "정말 잘한 것 같아요!"

"특히 무엇이 좋았나요?"

"전체적으로 좋은 경험이었어요. 참여하지 않았다면 이렇게 많은 책을 읽는 일은 없었을 거예요. 토의도 좋았어요. 모두 모여 이렇게 진지하게 토의한 적이 없었거든요. 주제에 따라서는 논쟁이 치열해져 멱살잡이를 할 뻔한 적도 있었지만요."

"평소 수업과는 전혀 다른 걸 할 수 있어서 좋았어요."

"동급생끼리 친해졌어요. 끝없는 화제가 있어서였던 것 같아요. 매주 금요일마다 했던 그룹 토의는 마음 맞는 사람끼리 모이는 게 아니라 각자 읽은 책에 따라 그룹을 나눴기 때문에 서로를 더 잘 알아 가는 데 도움이 됐어요."

"1학년 학생들이 고전이나 청소년 도서 이외의 작품을 발견하는 기회가 됐어요. 학생과 선생님의 관계도 새로워졌어요."

부르제 선생님이 웃으며 말했다.

"하지만 공쿠르가 끝나자 바로 원래대로 돌아가 버렸어요. 『보바리 부인』을 읽으랬더니 '에이, 이렇게 두꺼운 걸 어떻게 읽어요' 하더군요. 공쿠르 기간에는 그런 말 하는 학생이 하나도 없었는데."

¶

폴 두메르 고등학교의 일지 『고등학생 공쿠르상 2004』에는 수상작이 결정되고 나서 실시한 설문조사 결과도 실려 있다.

"공쿠르는 당신에게 무엇을 가져다주었습니까?"라는 질문에 다음과 같은 결과가 나와 있다.

"총체적인 교양을 얻었다" 80퍼센트, "반 분위기가 좋아졌다" 78퍼센트, "독서가 즐거워졌다" 59퍼센트, "고전문학에 다가가기 쉬워졌다" 37퍼센트, "논거를 바탕으로 이야기하는 데 익숙해졌다" 34퍼센트. 이에 반해 5퍼센트는 "독서가 싫어졌다"고 답했다.

일지에는 각 학생들의 공쿠르 참가 소감문도 실려 있다. 대표로 한 편을 소개해 본다. 폴린느라는 학생이 쓴 「나에게 고등학생 공쿠르상의 의미」라는 글이다.

새 학기가 시작되고 우리 반이 고등학생 공쿠르상에 참가하게 되었다는 소식을 들었을 때 별로 기쁘지 않았다. 두 달 동안 책 14권을 읽으며 매주 모임을 가져야 하고 거기에 다른 과목 숙제도 있다. 고등학생 공쿠르상은 나에게 구속에 지나지 않았다.

오프닝 날 취재진 카메라가 오자 고등학생 공쿠르상이라는 게 얼마나 중대한 일인지 실감이 났다. 모임이 끝나고 첫 번째로 읽을 책으로 필리프 그랭베르의 『비밀』을 들고 밖으로 나가면서 카메라를 피하려고 머리카락을 흩뜨려 얼굴을 가렸다. 이틀 만에 그 책을 다 읽었다. 다음 날 우리는 후보작 중 한 권을 발췌해 공부했다. 그러면서 모두가 자신이 읽은 책 한 권을 놓고 긍정적으로 평가하는지 부정적으로 평가하는지 발표했다.

그날부터 고등학생 공쿠르상에 대한 내 생각은 완전히 바뀌었다. 이 반에 들어온 건 행운이었다.

바칼로레아 과목 가운데 국어 시험만 2학년 때 보는데, 자서전도 시험 주제다. 공쿠르상 후보작에는 자서전이 네 권이나 들어 있으니 시험공부 면에서 우리는 한 발 앞서가는 셈이다.

매일 국어 시간에 각 후보작에 관해 함께 논평했다. 날마다 그런 작업을 하다 보니 논거를 찾아내고 정리해서 표현하는 힘이 생겼다. 입 밖에 내지 않아도 다른 사람과 의견이 다를 때 어느새 머릿속으로 내 생각을 정리하고 있었다. 나는 소심한 성격이라 선생님과 반 아이들 앞에서 의견을 발표하기가 힘들었다. 처음 발표했을 때 나도 할 수 있다는 걸 느꼈다. 이 경험 덕분에 내 소심증을 이겨 낼 수 있었던 것 같다.

TV 뉴스 프로그램에서 우리 반이 토의하는 장면을 촬영하러 왔다. 작품당 세 명씩 앞에 나가 토의한다. 한 사람이 찬성 의견을 말하면 다른 한 사람이 반대 의견을 말하고 나머지 한 사람이 사회를 본다. "이 책 읽은 사람 손 들어 봐! 이 책은?" 선생님이 차례로 학생들에게 묻는다. 다 읽은 책들이었지만 나는 손을 들 용기가 없었다. 그러다 얼떨결에 사회자 역할을 맡았다. 마지못해 칠판 앞으로 나가 내 나름대로 사회를 봤다. 신기하게도 해 보니까 재미있었다. 왠지 고등학생 공쿠르상이 연극처럼 느껴지기 시작했다.

새 학기가 막 시작되었을 때 반 친구는 엘로디뿐이었다. 하지만 반 아이들 모두 같은 난관에 빠졌다는 사실이 우리를 '끈끈하게' 했다. 그룹 토의에서 다른 아이들이 처음부터 친한 친구처럼 내게 말을 걸어 와서 깜짝 놀랐다.

고등학생 공쿠르상과 관련해 여러 가지 활동을 했는데 후보작을 놓고 기사를 쓰는 작업도 있었다. 우리는 논리적으로 조리 있게 기사를 써서 신문사에 보냈다. 그 과정에서 서평이라는 걸 어떻게 쓰는지 배웠다. 앞으로 공부하는 데에도 도움이 될 것이다.

두 달 동안 책을 열네 권이나 읽어야 하니 평소보다 빨리 읽을 수밖에 없었다. 보통 책 한 권을 읽는 데는 이틀이 걸렸지만, 더 빨리 책을 읽을 수 있고 재미있는 책은 한나절이면 다 읽는다는 사실을 알게 됐다. 플로리앙 젤레르의 『악의 매력』이 그랬다. 시간이 없어서 주말에 읽을 생각이었는데 토요일에 읽는 걸 깜박한

거다. 결국 일요일 오후에 다 읽었다.

그동안 국어 시간에는 재미없는 고전만 공부했는데, 이렇게 지금까지와는 다른 현대 작품을 읽을 수 있어서 흥미롭고 즐거웠다.

2005년도 참가 학교
― 가스통 바슐라르 전기기술 직업고등학교

고등학생 공쿠르상은 때로 누구도 생각하지 못했던 명물 학교를 낳는다. 파리 13구에 있는 가스통 바슐라르 전기기술 직업고등학교가 그렇다. 2005년도 참가 학교로 학생 대부분이 아랍계와 흑인인 남학교다.

학생들은 공쿠르에 참가한 이듬해에 자신들의 경험을 코믹한 연극으로 만들었고, 2006년도 참가 학생들 앞에서 공연을 펼쳐 커다란 갈채를 받았다. 2007년에도 참가 학급 학생들의 모임에서 이 연극이 상연되어 장내가 웃음바다가 되었다.

연극 제목은 『페이지에서 페이지로의 여행』.

막이 오르자 남학생 10여 명이 한 손에 책을 들고

등장해 경쾌한 음악 리듬에 맞춰 댄스 스텝을 밟는다. 내레이터가 무대 앞쪽으로 나온다. "여름날 어느 아름다운 아침에 일어난 일이었습니다. 우리는 의젓하게 학교에 가서 인사를 나눴습니다." 학생들은 일제히 어깨를 끌어안고 뺨에 키스를 주고받는다. 그 제스처가 익살스러워서 행사장은 낄낄거리는 소리로 술렁거린다. 또 다른 내레이터가 끼어든다. "저기요! 완전히 틀렸거든요!" 처음부터 다시. 내레이터는 말한다. "가을의 어느 흐린 날이었습니다. 우리는 평소처럼 왁자지껄 떠들면서 교실로 들어왔습니다." 이번에는 랩 리듬에 맞춰 학생들이 서로를 찌르고 발을 구르며 격렬하게 움직인다. 선생님이 등장한다. 고등학생 공쿠르상에 참가하게 되었습니다, 여러분은 책을 12권 읽으면 됩니다! 몇 달 동안? 한 달 동안입니다. 으하하, 학생들은 웃어 넘긴다. 농담도 잘하셔!

장면이 바뀌고, 여러 독서 신scene이 펼쳐진다. 한 학생이 두리번거리며 슬며시 나오더니 그늘진 곳에 숨어 실비 제르맹의 『마그누스』를 낭독한다. 금세 대여섯 명 무리에 둘러싸인다. "폼 잡지 마!" "책을 읽으면 하늘을 날 수 있어, 이미지가 나를 저 멀리 데려가." "그럼

나도 먼 곳으로 보내 봐!" 책을 낚아챈다……. 대사는 그리 많지 않지만 춤, 팬터마임, 아크로바틱, 음악, 노래가 잘 어우러져 다양한 신이 코믹하게 펼쳐진다. 중간에 아랍어로 된 짧은 시가 낭송된다. 그 당당하고 아름다운 울림이 극 전체에 긴장감을 더한다. 마지막으로 모두가 책을 펼쳐 제멋대로 소리를 지르며 낭독하는 유쾌한 불협화음과 함께 막이 내린다.

연극 「페이지에서 페이지로의 여행」은 학생들의 실제 체험을 재현한 것으로 전문 극단 알레프의 도움을 받아 무대에 올랐다. 이 극단은 아마추어가 날것 그대로 연기하도록 한다는 특색을 가지고 있다. 학생들에게 각자의 체험을 자유롭게 말하게 하고 그들만의 언어를 최대한 살려 음악과 춤을 접목시킨 코미디 형식으로 만들었다.

연극을 진행할 보조금을 마련하기 위해 발로 뛴 사람은 수학교사 브리프 선생님. 고등학생 공쿠르상의 일등공신이다. 공쿠르 참가의 감동을 이어 가겠다는 의도로 국어교사와 함께 연극을 기획했고, 학생들도 호의적이었다. 각본은 학생들과 함께 썼다. 하지만 그걸 연극으로 만들어 내려면 전문가의 도움이 필요했다. 안

무, 연출부터 시작해 리허설도 진행해야 한다. 그만한 비용을 마련하려면 어디에서 보조금을 받아야 할까. 너무 막막해서 포기할 뻔한 적도 있지만, '연극 연대'라는 조직이 보조금 모금을 도와주어 결과는 대성공이었다. 2006년에 내가 렌느를 방문했을 때 렌느의 참가 학교 학생들 사이에서도 이 코미디는 화제였다.

가스통 바슐라르 학교 학생들은 대부분 고등학교를 졸업하면 철도나 공공시설, 공장 등에서 전기 기술과 관련된 일을 한다. 바칼로레아를 치르기는 하지만 직업기술 바칼로레아라 대학에 입학하는 학생은 드물다. 독서 습관이 전무하다시피 한 학생이 압도적으로 많다.

그런 학교가 고등학생 공쿠르상에 참가한 것이다. 공쿠르 수업을 맡은 사람은 국어교사 뒤슈망 선생님과 수학교사 브리므 선생님. 두 달 동안 학생들의 독서와 토론에 국어와 수학 시간을 송두리째 할애했다.

뒤슈망 선생님은 키가 크고 늘씬한 젊은 여성, 브리므 선생님은 모로코 출신 남성으로 큰 체격은 아니지만 지역 축구팀 주장답게 몸이 다부지고 체력도 좋아 보인다. 뒤슈망 선생님이 공쿠르 참가 경위를 설명해 주었다.

"학생들의 독서 의욕을 자극할 만한 뭔가 새로운 일을 하고 싶어서 파리 학구 문화사업과 책임자를 만나 상의했어요. 그때 고등학생 공쿠르상에 응모해 보라는 제안을 받았죠. 브리므 선생님과 함께라면 분명 가능할 거라고 생각했어요. 선생님의 도움이 제게는 응모의 유일한 조건이었어요."

브리므 선생님은 수학교사이자 아랍인이라는 점이 학생들에게 신뢰감을 준다. 학생들은 그에게 모종의 존경심을 품고 있다. 그는 스물두 살까지 모로코에서 생활하다가 프랑스에 와서 석사와 박사 학위를 받았다. 이 직업고등학교에서 근무하면서 대학 강사도 겸임하고 있다.

"사실 모로코에서 아랍 문학을 전공하고 싶었는데 집이 가난해서 취업에 유리한 이과로 진학했어요. 국어와 수학의 합동 프로젝트가 특이하다고요? 그렇지 않아요! 전문 분야를 구분하는 게 더 이상하죠. 그런 구분이 생긴 건 근대 이후의 일이니까요."

브리므 선생님은 입을 열자마다 일장 연설을 쏟아냈다.

학생들은 아랍계라고 해도 2세나 3세라서 어떻게 보면 브리프 선생님보다 '프랑스적'이지만, 프랑스어 실력이 부족해 다른 과목에까지 영향을 끼친다. 브리프 선생님은 대단한 독서가라 학생들이 안고 있는 문제를 잘 이해한다.

"저는 프랑스 사회에 녹아드는 과정에서 지금 제 학생들과 똑같은 어려움을 겪었어요. 성공의 열쇠는 책 속에 있었죠. 그래서 문학에 대한 욕구를 학생들에게 전달하고 싶어요. 많은 학생이 수학을 어려워하는데 그건 어휘가 부족해서 수학 책에 적힌 글을 제대로 이해하지 못하기 때문이죠."

그에게도 국어교사와의 연대는 좋은 기회였다. 지금까지도 그는 기회가 있을 때마다 뒤슈망 선생님과 함께 프로젝트를 진행한다.

9월에 새 학기가 시작되자, 2학년 새 학급의 첫 수업에서 뒤슈망 선생님은 브리프 선생님과 함께 학생들 앞에 서서 이 반이 고등학생 공쿠르상에 참가하게 되었음을 알렸다.

"거짓말이죠!"

"왜 우리만 해요!"

학생들은 불평을 쏟아내다가 입을 모아 항의했다.

"반 바꿔 주세요!"

브리므 선생님이 설득에 나섰다.

"너희들에게 올해는 공쿠르의 해로 여느 때와는 전혀 다른 해가 될 거야. 다양한 사람들을 만나고, 지금까지 경험하지 못했던 토의에 참여하고. 틀림없이 잊지 못할 한 해가 될 거야."

학생들은 납득하지 못했지만 울며 겨자 먹기로 동의했다.

"학생들이 항의하리란 건 처음부터 예상했어요. 사전에 교장선생님과 얘기해서 반을 바꾸는 건 절대 허용하지 않겠다고 정해 놨기 때문에 동요하지 않았죠. 교장선생님께 부탁해서 수학과 국어 수업을 같은 시간대로 배치해 공쿠르 수업은 항상 우리 둘이 짝을 지어 진행했어요." 뒤슈망 선생님이 쾌활하게 말한다.

"모든 학부모님께 편지를 보내 공쿠르 참가 사실을 알렸어요. 두 달 동안 학생이 빡빡한 일정을 소화해야 한다는 걸 학부모님들께도 이해시켜야 하니까요." 브리므 선생님이 말한다.

"공쿠르에 참가하려면 교사가 독서를 좋아하고 학

생들과 잘 지낼 수 있어야 해요. 학생들은 때때로 책을 읽기 싫어해요. 하지만 끝까지 해 내야 합니다. 자신의 모든 에너지를 쏟을 각오가 없으면 피폐해질 뿐이에요. 학생들을 상대하면서 교사 자신도 책을 읽어야 하고 취재에도 응해야 해요. 학생과 교사가 하나가 되지 않으면 결코 성공할 수 없어요."

고등학생 공쿠르상 참가를 알린 이틀 뒤 프낙서점에서 책이 도착하자 야유를 보내던 학생들의 표정이 조금 달라졌다.

참가 학급에 후보작을 전달하러 오는 사람은 프낙서점 커뮤니케이션 담당자인데, 매년 드니 올리벤느 사장이 학교 한 곳을 골라 직접 책을 전달한다. 이해에 뽑힌 건 가스통 바슐라르 고등학교였다.

오프닝 날, 열두 작품을 각각 7권씩 총 84권의 책을 들고 프낙 사장이 고등학교를 찾았다. 초콜릿과 건포도빵 같은 간식도 챙겨 왔다. 일간지 『파리지앵』 기자와 라디오 방송기자가 동행했다. 교장선생님도 참석했으며 차와 주스까지 준비되어 살짝 파티 분위기였다.

책상에 쌓인 형형색색 표지를 두른 책들을 학생들은 초콜릿을 씹으며 신기한 것이라도 보듯 뒤적였다.

그렇게 실제로 책을 보고 만지는 행위가 독서에 대한 첫 흥미를 불러일으켰다.

참가 학급 학생들이 후보작을 읽지 않는 한 공쿠르는 성립되지 않는다. 바슐라르 고등학교처럼 독서 습관이 없는 학생이 대부분인 경우, 그것이야말로 가장 큰 난관이다. 하지만 몇몇 학생이 곧바로 책을 읽기 시작해 이들이 다른 학생들을 이끄는 역할을 했다.

그중 한 명이 모로코 출신 아미두였다. 그동안 수업 시간에 떠들며 수업을 방해해 모든 선생님을 애먹이던 학생이다. 아미두의 진급을 반대한 선생님도 적지 않았지만 진급 가능한 인원수에 여유가 있기도 해서 교장선생님의 배려로 아미두는 무사히 진급했다. 그런 아미두의 수다스러움이 공쿠르 수업에서는 큰 역할을 했다. 뒤슈망 선생님이 웃으며 말했다.

"아미두는 곧바로 책을 읽기 시작했어요. 원래 수다쟁이라서 자기가 읽은 책에 관해 여기저기 조잘조잘 떠들고 다녔어요. 그게 다른 아이들의 흥미를 자극했죠. 아이들 앞에서 읽은 책에 관해서 얘기해 보라고 하면 선뜻 응해 주었어요. 다른 교사들이 그렇게 못마땅해하던 아미두의 수다스러움이 우린 너무 고마웠죠."

그러나 학생들의 독서에 대한 동기 부여는 때로 교사가 상상도 못 한 데에서 비롯된다. 그중 하나가 언론이었다.

모든 공쿠르 학급은 반드시 언론의 취재를 받는다. 가스통 바슐라르 고등학교는 학생들의 꾸밈없고 솔직한 모습이 관심을 끌어 특히 많은 취재진이 몰렸다. 교장선생님도 무던한 성격이라 언론에서 쉽게 다가왔다. TV 채널 '프랑스 3'에서도 취재를 나와 공쿠르 수업 풍경이 뉴스 프로그램에서 다뤄졌다. 교장선생님 입장에서는 직업고등학교가 문제아들이 모이는 곳이라는 이미지를 떨쳐 낼 좋은 기회였기 때문에 언론을 반겼다.

"사실 아랍계 학생이 많은 학교라고 해서 다른 고등학교보다 문제가 많은 건 절대 아니에요. 우선 학생들은 이슬람교도라 음주를 하지 않아요. 알코올 중독이나 마약 중독 학생들로 골치를 앓는 고등학교가 적지 않은데 우리 학교에는 그런 문제가 없어요. 젊은이들의 폭동은 교외에서 일어나는 현상이에요. 출신이 같은 이민자들끼리 모여 살기 때문이죠. 다양한 출신이 섞인 곳에서는 그렇게 큰 폭력으로 발전하지 않아요." 뒤슈망 선생님이 말한다.

하지만 남학교인 만큼 학생들끼리 싸움이 일어날 때도 있다 보니 어느 정도는 대비해야 한다. 그래서 교사는 늘 활동이 편한 복장으로 학교에 간다. 대개는 청바지에 운동화다.

미디어의 존재는 학생들에게 매우 좋은 영향을 주었다. 취재를 받고 신문이나 TV에 나온 자신을 보면 학생들은 자신들이 얼마나 큰 역할을 맡고 있는지 자각하게 된다. 평소 거칠게 말하던 학생들이 기자 앞에서 의젓한 말투로 이야기하는 걸 보고 교사가 놀랄 정도였다.

곧이어 프낙서점은 저자와의 만남을 준비했다. 후보작 저자들과 고등학생 심사위원들이 질의응답하는 자리로, 파리 지역 참가 학급 전원을 모아 샹젤리제의 비아리츠 극장에서 진행되었다. 다른 참가 학급과의 접촉, 가까이에서 본 작가들의 민낯, 그건 학생들에게 크나큰 사건이었다.

바슐라르 학교를 비롯해 공쿠르에 참가한 고등학생 상당수가 특히 인상적인 사건으로 꼽는 것이 저자와의 만남이다. 그런데 이 모임에서 인기를 끈 작가가 수상하느냐 하면 꼭 그렇지는 않다. 인기와 작품 평가는 엄연히 별개다.

이 역시 뒤슈망 선생님이 전혀 예상하지 못했던 일인데, 학생들은 독서가 여학생에게 접근하는 데 도움이 된다는 사실을 알아차렸다. 평소에는 남학생뿐이지만 모임에는 여학생이 많이 온다. 책 덕분에 여학생들과 나눌 화젯거리가 생겨난다. "나는 이 소설이 마음에 드는데 넌 어때?" 독서는 데이트의 계기가 되기도 한다.

그해 저자와의 만남은 마침 라마단 기간과 겹쳤다. 라마단 기간에 이슬람교도는 낮에 금식을 한다. 저자와의 만남 중간에 휴식 시간이 되자 학생들은 케이크부터 미트파이, 초콜릿, 오픈 샌드위치까지 뷔페 식으로 차려진 홀로 안내받았는데, 바슐라르 학교 학생들은 음식에 손을 대지 않았다. 이를 보고 걱정된 프낙의 담당자가 뒤슈망 선생님에게 달려왔다. 선생님이 사정을 설명하자 담당자는 서둘러 봉지를 잔뜩 가져와서는 과자를 담아 "저녁에 집에 가서 먹으렴" 하며 학생 한 명 한 명에게 건넸다. 이 재치 있는 대응 덕분에 바슐라르 학생들은 소외감을 느끼지 않을 수 있었다.

저자와의 만남은 성황리에 열렸다. 알제리 출신 작가 니나 부라우이는 두 문화 사이에 있는 자신의 심적

갈등과 성性 문제를 매우 솔직하게 이야기했고, 글을 쓰며 먹고살기가 얼마나 어려운지에 관해 이야기한 작가도 있었다. 작가들의 육성은 학생들의 마음에 가닿았다. 바슐라르 학생들이 준비해 온 질문에 저자들은 진지하게 답했고, 이는 학생들에게 자신감을 불어넣었다.

브리프 선생님은 말한다.

"저자와의 만남 이후 분위기가 확연히 달라졌어요. 꼭 마술처럼요. 그때까지 책 한 권 읽지 않은 학생이 착실하게 책을 읽는 거예요. 처음에는 프낙에서 준 책을 몽트뢰유 벼룩시장에 갖다 팔아 버린 학생도 있었어요. 22유로짜리 책을 11유로에 팔았다며 신나 했었죠. 공쿠르가 끝난 뒤에는 책을 사러 가기도 하고 도서관에서 책을 빌리는 학생도 생겼어요."

학생들의 토론에는 많은 규칙을 두지 않았다. 때로는 4개 정도로 그룹을 나누고, 때로는 학급 전원이 함께 논의했다. 교사는 항상 두 명이 있으니 각 그룹을 도는 게 그리 어렵지 않았다. 처음에는 독서 진도가 빠른 학생이 다른 학생들에게 자신이 읽은 책을 소개하는 형태였지만, 차차 찬성 측과 반대 측으로 나뉘어 논쟁이 벌어지면서 토론이 활기를 띠었다.

어느덧 만성절 휴일이 다가왔다. 휴일이 끝나는 대로 드디어 '학급 3편'을 뽑아야 했다.

학생들은 저마다 자신이 좋다고 생각하는 세 편을 종이에 적어 냈고 브리므 선생님이 칠판에다 표수를 계산했다. 투표는 두 차례 진행되었으며 니나 부라우이의 『내 나쁜 생각』, 올리비에 아당의 『낭떠러지』, 야스미나 카드라의 『테러』가 뽑혔다. 야스미나 카드라와 니나 부라우이는 아랍계 작가이며 올리비에 아당은 아버지의 폭력과 가족의 붕괴를 그렸다. 모두 학생들이 친근감을 느낄 만한 작품이다.

학급 대표로는 만장일치로 아미두를 추천했다. 그런데 아미두는 그리 달가워하지 않았다. 아미두가 가장 마음에 든 작품은 실비 제르맹의 『마그누스』였는데 그것이 '학급 3편'으로 뽑히지 않았기 때문이다.

"만약 내가 대표를 맡으면 『마그누스』를 밀게 해 줘. 아무도 이 책에 투표하지 않은 건 읽지 않았기 때문이야. 읽었다면 분명 다들 이 책에 투표했을걸."

그리하여 또 한 차례 토의를 벌인 끝에, 아미두는 학급 대표로서 학생들이 뽑은 세 작품을 소개하고 그다음 개인적으로 『마그누스』를 추천한다는 데 전원이

합의했다.

실제로 다른 학생들이 『마그누스』를 읽은 건 공쿠르가 끝난 뒤였다. 왜냐하면 이 작품이 수상을 했고 뒤이어 저자 실비 제르맹이 가스통 바슐라르 고등학교를 방문했기 때문이다.

그날 아침 가스통 바슐라르 고등학교는 무척이나 분주한 분위기였다. 실비 제르맹이 오는 날이었다.

내가 교실에 들어갔을 때 학생들은 민트 티를 준비하고 설탕이 듬뿍 든 아랍식 과자를 책상에 늘어놓고 있었다. 이미 파티 분위기였다. 조금 뒤 실비 제르맹이 도착했다. 소매가 풍성한 흰색 블라우스에 세련된 검은색 조끼를 입고 연한 핑크색 숄을 무심하게 어깨에 두른 그녀는 사진으로 봤을 때보다 훨씬 부드러운 느낌이었고 너무나 멋졌다. 당시 그녀는 파리에서 남쪽으로 800킬로미터나 떨어진 포 시에 살고 있었지만 꼭 와달라는 학생들의 부탁에 먼 길을 마다하지 않았다.

수학교사 브리므 선생님의 짧은 연설에 이어 학생 열두어 명이 앞으로 나가 일렬로 섰다. 저마다 프린트물을 한 장씩 들고 있었다. 릴레이 이야기가 시작되었다.

맨 끝에 선 학생이 먼저 입을 연다. "오늘 아침에 프낙에서 책을 들고 왔어." 이어 그 옆 학생이 말한다. "초콜릿도 주고 크루아상도 주고 건포도 빵도 줬어." 다른 학생들이 차례차례 대사를 이어 간다. 가슴이 끝내주는 미인도 함께였지. 오늘 밤 우리는 TV에 나올 거야. 우리 동네에선 책은 여자가 읽는 거래. 나쁜 생각은 집어치워…….

처음에는 자신들의 체험을 유머러스한 릴레이 이야기로 만든 줄 알았는데, 듣다 보니 문득 깨달았다. 이 이야기에는 고등학생 공쿠르상 후보였던 열두 작품의 제목 속 단어들이 하나씩 다 들어 있었다. 재치 넘치는 언어유희였다. 브리프 선생님의 아이디어라고 했다. "나도 보여 줘요." 실비 제르맹은 학생 한 명에게 종이를 건네받아 킥킥거리며 읽었다.

다음으로 두 학생이 각각 수상작 『마그누스』의 한 구절을 낭독했다.

『마그누스』는 제2차 세계대전 중 다섯 살에 기억을 잃고 나치 당원의 양자로 길러진 청년의 이야기다. 자신의 머리에 거짓 과거가 담겨 있었다는 사실을 알게 된 청년은 과거의 진실을 찾아 방황한다. 마그누스는 청년이 어렸을 때부터 늘 지니고 다니던 곰 인형 이름이고 청년의 과거를 증명할 유일한 물건이다.

튀니지에서 프랑스로 온 지 얼마 안 되었다는 알리가 앞에 나와 이 소설에 대한 자신의 감상문을 읽었다.

"나는 이 소설이 심플해서 좋다. 주인공의 어린 시절은 아이의 눈으로 보듯이 쓰여 있다. 어른이 된 이후는 어른의 시선으로 쓰여 있다. 장 대신 단편이라는 말을 쓰고 있는데 그것이 이 이야기와 잘 어울린다. 주인공은 단편마다 자신의 기억을 찾아간다.

나에게 『마그누스』는 인생 수업이다. 사람은 자기가 어디에서 왔고 누구인지 몰라도 살아갈 수 있고 행복할 수 있다."

그리고 드디어 저자와의 질의응답.

학생들이 줄줄이 손을 든다.

왜 마그누스라는 이름을 골랐나요? 프랑스 작가가 나치 양부모를 둔 독일 아이를 주인공으로 한 소설을 쓰는 건 드문 일 같은데, 어떻게 이런 소설을 쓰게 됐죠? 주인공의 과거는 왜 마지막까지 밝혀지지 않나요? 고등학생 공쿠르상 수상 소식을 듣고 어떤 생각을 했나요?

실비 제르맹은 한 사람 한 사람의 질문에 성심껏 답해 주었다. 주인공의 과거가 밝혀지지 않은 이유에 관한 설명은 무척 흥미로웠다.

"소설을 쓰다 보면 굉장히 신기한 일이 일어나요. 한동안은 계속 머릿속으로 주인공이 아이슬란드 출신 이라는 생각을 하고 있었어요. 하지만 붓이 꼭 내가 생각하는 방향으로 향하는 건 아니에요. 상상력은 내 생활 속 체험, 독서와 음악, 회화에서 얻은 것들이 쌓여 내 안에 길러진 무언가에서 태어나거든요. 그건 무척 깊게 뿌리를 내리고 있어 때로는 나 자신을 넘어서기도 해요. 합리적인 줄거리를 머리로 그려도 붓은 그와 다른 방향으로 움직여 갑니다. 그래서 주인공의 출신은 알 수 없다는 결말에 이르렀어요."

나치 시대를 짊어진 주인공에 관해서는 이렇게 말했다.

"나는 전쟁 후에 태어난 사람이라 나치 시대와는 직접적인 관련이 없어요. 하지만 내 부모님은 전쟁이란 과거를 짊어지고 있죠. 파리가 점령되었을 때 부모님은 열여덟 살이었어요. 반 친구들이 어느 날 갑자기 자취를 감춰요. '레위'나 '코헨' 같은 유대인 이름을 가진 학생이 하나둘 사라지죠. 다른 학생들은 그 이유를 몰랐어요. 나치즘이 무엇인지 알게 된 건 전쟁이 끝나고 나서였어요. 부모님에게는 그 기억이 새겨져 있습니다.

사람은 누구나 자기 부모님, 자기 나라의 역사를 물려받아요. 여러분과 마찬가지로 나도 학교에서 전쟁에 관해 공부했어요. 하지만 젊었을 땐 그런 것에 그다지 집착하지 않아요. 나이가 들면서 그게 아픔으로 다가오기 시작했습니다.

나는 독일에 매력을 느껴요. 독일어를 공부했고, 독일 문화에 큰 존경심을 품고 있죠. 그토록 뛰어난 음악과 뛰어난 시인을 배출하고 그토록 탁월한 문화를 지닌 독일이 어째서 그토록 무도한 행위를 저질렀을까. 고등교육을 받고 높은 교양을 가진 사람들이 왜 그 잔혹한 사상에 가담했을까? 물론 모든 독일인이 그런 건 아닙니다. 나는 내 가치관과 현실에서 벌어진 일 사이에서 괴리감을 맛보았습니다.

소설을 쓰기 시작했을 때 이런 것들에 다시금 큰 문제의식을 느꼈습니다. 사람은 자기 자신의 심금을 울리는 것에 관해서만 쓸 수 있는 법이에요. 예컨대 나는 베트남이나 마그레브에 동경을 가지고 있어요. 그걸 주제로 소설을 쓰고 싶었던 적도 있었죠. 하지만 그 나라에 살아 본 적도 없고 그 나라 사람들과 깊이 어울린 적도 없어요. 그러니 쓴다 해도 인위적인 것에 지나지 않아요. 만약 내가 이 학교처럼 출신이 다양한 학생들이 모이는 학교의 선생님이었다면 이야기는 달랐겠죠. 여러분과의 접촉에서 영감을 받아 소설을 썼을지도 몰라요. 진정으로 내면에 닿는 것 없이는 난 쓸 수 없어요."

가스통 바슐라르 고등학교 학생들과 실비 제르맹의 대화는 대성공으로 끝났다! 뒤슈망 선생님이 감격해서 말했다.

"실비 제르맹은 기독교인에 학구파, 학생들은 이슬람교도에 기술 계통이죠. 전혀 다른 세상에 사는 사람들이 이렇게 동등한 입장에서 대화할 수 있었던 건 학생들에게도 작가에게도 멋진 일이었다고 생각해요. 교문까지 바래다준 학생들의 뺨에 키스하면서 실비 제르맹은 눈물을 글썽였어요."

¶

나는 아미두와 만날 약속을 잡았다.

공쿠르가 끝나고 한 달쯤 지난 12월의 추운 날이었다. 저녁 6시에 가스통 바슐라르 고등학교 교문 앞에서 만나기로 했다.

내가 묵고 있던 친구 집은 남북으로 뻗은 지하철 노선의 북쪽 끝 종점에서 걸어서 10분 거리에 있었다. 파리 시내가 아니라 센생드니 주에 속한다. 가스통 바슐라르 학교는 그 반대 방향에 있는데 이 노선의 거의 남쪽 끝이다. 파리는 도쿄 같은 큰 도시가 아니라서 보통은 1시간이면 어디든 충분히 간다. 하지만 만에 하나, 어떤 돌발 사고가 일어날지 모른다. 고등학생과의 약속에 늦는 한심한 짓은 할 수 없다. 넉넉잡고 1시간 40분 전에 집을 나섰다.

그런데 꼭 이럴 때 '만에 하나'가 일어나는 법이다. 지하철이 가다 말고 한 역에서 정차해 움직일 생각을 하지 않았다. 사람들이 수군거리기 시작했지만 무슨 일이 일어났는지는 아무도 몰랐다. 뒤늦게 안내방송이 나왔다. 선로 안으로 누가 들어와서 이 선은 운행이 중지

되었으니 다른 선으로 갈아타란다. 나는 정신없이 달렸고, 어떤 선을 탔는지는 기억나지 않지만 어쨌든 세 번이나 갈아타고 겨우 목적지 세 정거장 전 역까지 갔다. 그런데 거기서부터는 더 이상 운행하지 않는다는 것이다! 헐레벌떡 계단을 뛰어 올라가 택시를 잡았다.

불운은 불운을 부른다. 저녁 무렵의 러시아워, 이탈리아 대로로 접어들자 택시는 좀처럼 앞으로 나아가지 않았다. 이 큰길로 쭉 가면 왼쪽에 바슐라르 학교가 있는 타고르 거리가 나온다. 시계를 보니 약속 시간까지 앞으로 5분, 나는 택시에서 내렸다. 숨이 턱에 닿도록 달려 교문이 보이는 순간, 그 앞에 우두커니 서 있는 아미두의 모습이 눈에 들어왔다. 추운 날씨에 기다리게 하다니 너무 미안했다. "신경 쓰지 마세요." 아미두는 그렇게 한마디 했을 뿐이었다.

아미두의 안내로 근처 조용한 카페로 들어갔다. 교내에서 처음 봤을 때 아미두는 학생들 중에서도 눈에 띄게 건장해 누가 봐도 리더 느낌이 났다. 하지만 맞은편에 앉아 괜스레 시선을 피하며 콜라를 마시는 얼굴은 역시 천진난만함이 남아 있는 열여덟 살 아이다.

성인 남성을 만날 때는 상대의 지위가 어떻든 별로

주눅들지 않는데, 고등학생과 단둘이 있으려니 이상하게 쑥스러운 건 왜일까. 내 기분이 전해졌는지 아미두도 좀 쑥스러워 보인다. 아미두는 이런 이야기를 해 주었다.

"선생님이 공쿠르에 참여하게 됐다고 말했을 때 처음에는 가슴이 철렁했어요. 두 달 안에 책을 열두 권이나 읽으라고! 좋아한 애는 한 명도 없을걸요. 처음에는 다들 항의했지만 막상 책을 읽기 시작하니까 그때부터는 저절로 잘 흘러갔어요.

수업에선 때로는 다 함께 책을 읽고 때로는 각자 읽은 책에 관해 이야기했어요. 자기가 읽은 책이 좋다 싶으면 손을 들고 앞에 나가 책 내용을 소개해요. 다른 학생들이 찬성! 아니면 반대! 하고 외치며 토의가 시작됐어요. 한번은 교장선생님이 우리 토의에 참여했어요. 교장선생님도 학생들과 마찬가지로 자신이 읽은 책을 소개했어요.

집에 가서 공쿠르 이야기를 했더니 엄마가 야스미나 카드라의 『테러』를 읽었어요. 아빠는 신문밖에 안 읽지만요."

하지만 험난한 두 달이었다. 최대한 빨리 읽어야

했고, 개요서를 만들고 서평도 써야 했다. 저자들을 만난 건 좋았다. 질문이 많이 나와서 책을 이해하는 데 도움이 됐다. 가스통 바슐라르 학교 학생들도 이 책에는 왜 구두점이 없는지, 왜 이런 표현을 썼는지 등을 질문했다.

"전 『마그누스』가 너무 마음에 들어서 가장 좋은 작품이라고 생각했어요. 하지만 어려워서 다른 아이들은 관심이 없었어요. 반에서 후보작을 모두 읽은 애는 한 명도 없었기 때문에 가장 많이 읽은 사람을 대표로 하자는 이야기가 나와 제가 뽑혔어요."

지역 심사위원회는 '라틴아메리카의 집'이라는 문화회관에서 열렸고 파리 지역 학급 대표 6명과 외국 고등학교 대표 3명, 총 9명이 모였다. 논의는 아주 뜨거웠다. 특히 야스미나 카드라의 『테러』를 지지하는 학생과 실비 제르맹의 『마그누스』를 지지하는 학생, 올리비에 아당의 『낭떠러지』를 지지하는 학생이 충돌했다. 아침 9시에 시작한 토론이 오후 1시까지 이어졌다. 결국 이 세 편이 모두 뽑혔다. 다음으로 렌느에서 열리는 최종 심사에 참가할 대표를 선출하기로 하고 파리 지역 대표 2명과 외국 대표 1명이 뽑혔다. 셋 다 여학생이었다.

심사위원회가 끝나고 공쿠르 아카데미 회원과 신문기자, 전년 수상자 필리프 그랭베르까지 참석해 대화의 시간을 가졌고, 각 학교 담당교사들도 합류해 뷔페 파티가 벌어졌다.

수상작 발표 날 아침, 학급 전원이 버스를 타고 렌느로 향했다. 파리에서 세 시간 정도 걸린다. 실비 제르맹의 『마그누스』가 수상했다는 사실을 알게 된 건 버스 안에서였다. 뒤슈망 선생님이 라디오를 듣고 있다가 학생들에게 알려 주었다. 렌느에서 열린 콘서트에서 다 같이 춤을 췄다. 교육부 장관이 학생들과 대화하는 자리도 마련되었다. 파리로 돌아온 건 밤 9시가 넘어서였다.

"공쿠르에 참여해서 너무 좋았어요. 그 전에는 만화책만 읽었지 문학 같은 건 읽은 적이 없었거든요. 저도 문학을 읽을 수 있단 걸 알게 됐어요."

고등학생 공쿠르상 최고의 사건은 무엇이었는지 아미두에게 물어보았다.

"수상작 발표 날 다 함께 버스로 렌느에 가서 춤을 춘 거요. 그리고 실비 제르맹이 우리 학교에 와 준 일이요."

3장

고등학생 공쿠르상을 둘러싼 사람들

공쿠르 아카데미 회장 에드몽드 샤를 루

고등학생 공쿠르상이라는 말이 주는 특별한 울림은 젊음을 상징하는 '고등학생'이라는 말과 전통을 자랑하는 '공쿠르'라는 명칭이 결합된 데서 비롯된다. 공쿠르 아카데미는 대체 어떤 이유에서 고등학생이 이 위신 있는 명칭을 사용하도록 허락했을까. 공쿠르 아카데미 회장 에드몽드 샤를 루에게 꼭 물어보고 싶었다.

에드몽드 샤를 루는 일본에서는 『코코 샤넬』의 저자로 알려진 작가다. 그녀가 공쿠르 아카데미 회장이라는 건 사실 고등학생 공쿠르상을 통해 알게 됐다.

　에드몽드 샤를 루는 고등학생 공쿠르상의 중요한 모임에는 꼭 참석한다. 파리 지역 심사위원회가 있는 날에는 심사장을 찾아 심사를 마친 고등학생들과 대화를 나누고, 최종 심사 날에는 파리에서 고속열차를 타고 렌느까지 달려온다. 그로부터 한 달 뒤에 렌느에서 열리는 「공쿠르의 만남」에도 참석해 워크숍에서 학생들의 질문에 답한다. 아카데미의 다른 회원들도 이따금 참석하지만 그녀만큼 개근하는 사람은 없다. 고등학생 공쿠르상에 관심을 가지면 필연적으로 에드몽드 샤를 루의 이름을 여기저기서 접하게 된다.

　공쿠르 아카데미에는 사무실이라는 게 따로 없는지 공쿠르상 심사장인 파리의 레스토랑 드루앙이 연락처로 되어 있다. 하지만 레스토랑으로 편지를 보내서는 언제 그녀에게 도착할지 모른다.

　이럴 때 도움이 되는 것이 파리 공공정보도서관의 '메일 레퍼런스'(원격 서비스)다. 일본에 있으면서 프랑스의 공공기관과 그 책임자들에게 연락을 취하고 싶을 때 나는 대개 공공정보도서관의 서비스를 이용한다. 그러면 그 기관의 책임자 이름과 부서 메일 주소를 알 수 있다.

에드몽드 샤를 루와 연락이 닿은 것도 이 도서관 덕분이었다. 도서관에서 알려 준 주소로 메일을 보냈더니 비서로 짐작되는 마리 다바디라는 여성에게서 답장이 왔다. 첫 답장은 부정적이었다. "샤를 루 씨가 너무 바빠서 시간이 나지 않을 것 같습니다." 다시 한번 메일을 보냈다. "혹시 회장님이 사정이 여의치 않다면 아카데미 회원 중에 고등학생 공쿠르상에 관해 이야기해 주실 분을 소개해 주시겠습니까?" 답장이 왔다. "회장님이 만나 보시겠답니다." 그러면서 일시와 장소를 지정했다. 장소는 물론 레스토랑 드루앙. 나는 감사하다는 메일을 보내며 만약을 대비해 파리 숙소 전화번호를 남겼다.

파리에 도착하자 마리 다바디 씨에게 전화가 걸려왔다. 단단히 화가 난 말투였다. "닷새 전에 메일을 보냈는데 왜 답장을 안 주시죠?" "저기, 그때는 이미 일본에서 출발을 한 뒤여서요." "부재중에 오는 메일을 원격으로 확인하지 않는다는 건가요!" 상대방은 더 격하게 화를 내더니 이내 부드러운 어조로 바뀌었다.

프랑스 사람들은 퉁명스러운 태도에서 상냥한 태

도로 바뀔 때의 속도가 엄청나게 빠르다. 기분이 쉽게 바뀌는 건지 아니면 정작 본인은 양쪽 다 별로 의식하지 않는 건지 의아해지곤 한다.

마리 다바디 씨의 용건은 에드몽드 샤를 루의 사정으로 약속을 두 시간쯤 미루고 싶다는 게 전부였다.

그렇게 공쿠르 아카데미 회장을 만났다. 레스토랑 드루앙은 오페라 거리에서 조금 들어간 곳에 있는데 밖에서는 몇 번 봤지만 실제로 들어가 보기는 처음이었다. 먼저 가서 기다릴 생각으로 15분 전에 도착했는데 기다리고 있던 건 샤를 루 회장 쪽이었다. 그녀는 살롱으로 향하는 계단 위쪽에 놓인 소파에 등을 꼿꼿이 세우고 앉아 있었다. 얼굴은 사진으로 봐서 익숙했지만 목소리가 독특했다. 힘이 있고 남자처럼 굵고 울림이 있는 목소리는 도무지 80대 중반을 넘긴 사람 같지 않았다.

샤를 루 회장은 먼저 공쿠르상의 심사장으로 사용되는 살롱을 보여 주었다. 과연 위풍당당한 분위기였다. 인테리어에 사용된 장식물은 모두 공쿠르 형제와 관련 있는 것이라고 한다. 아카데미는 종신회원 10명으로 구성된다. 하얀 식탁보가 깔린 원탁을 둘러싼 10개의 의자 등받이에는 그곳에 앉는 회원들의 이름이 하나씩 새겨져 있다.

공쿠르상이 창설된 것은 1903년이다. 당초 목적 중 하나는 1634년 설립된 아카데미 프랑세즈(프랑스 학사원)가 지나치게 체제화되자 반대쪽에서 균형을 잡는 역할이었다. 그러고 보니 공쿠르 아카데미가 종신회원제인 이유를 납득할 수 있었다. 하지만 종신회원이라는 것은 지금 시대에 맞지 않는다. 제도를 바꿔 15년으로 한정하자는 목소리가 나오고 있다.

"고등학생이 공쿠르라는 명칭을 사용하는 것을 허락할지 말지를 두고 아카데미 회원들의 의견은 딱 반으로 갈라졌어요." 샤를 루 회장이 설명했다.

반대하는 쪽의 주된 논거는 공쿠르라는 이름은 사고 팔 수 있는 것이 아니라는 것이었다. 섣불리 허락했다가는 조만간 잼 공쿠르상이니 세탁기 공쿠르상, 차 공쿠르상까지 생겨날 수 있다.

"난 강력하게 지지하는 쪽이었어요. 리스크는 분명 있지만 그건 감수해야 할 리스크죠. 젊은이들의 독서를 돕지 않으면 독서는 죽습니다. 독서라는 혈관에 새로운 피를 부을 기회가 생겼는데 그걸 거부할 권리는 우리에게 없습니다.

어린 학생들은 참여를 원합니다. 참여하지 않으면 반란을 일으켜요. 그들은 먼 장래의 약속 같은 건 믿지 않아요. '프로젝트가 있으면 지금 바로 시작하세요. 여러분의 책임으로 여러분이 선택하세요.' 어린 학생들에겐 그런 말이 필요해요."

여러 차례 논의를 거듭했지만 좀처럼 타협이 이루어지지 않아 투표로 결론짓기로 했고, 6대 4의 근소한 차이로 명칭 사용을 허락하기로 했다.

고등학생 공쿠르상의 탄생은 공쿠르상 자체의 방식을 변화시켰다. 명칭 사용을 허락한 이상 공쿠르 아카데미에서 전폭적으로 협조하기로 약속했기 때문이다.

그때까지는 공쿠르상 1차 전형 결과 발표가 9월 5일이든 15일이든 상관없었다. 하지만 고등학생 2천여 명이 후보작을 읽고 11월 초에 수상작을 결정한다면 학생들에게 되도록 많은 시간을 주게끔 배려해야 한다. 9월 신학기가 시작되었을 때는 1차 전형 후보작 선정이 끝나 있을 필요가 있다.

"고등학생 공쿠르상은 우리의 여름을 좀 더 바쁘게

만들었어요. 하지만 그런 이유로 일정이 빡빡해지는 건
충분히 받아들일 수 있어요."

고등학생 심사위원들은 때로 어른들이 생각지도
못한 선택을 한다.

"열여섯, 열일곱 살 학생들의 날카로운 분석에 놀
라곤 합니다. 감수성이 무척 풍부한 나이죠. 고등학생
공쿠르상은 그 시기를 포착한 훌륭한 시도입니다. 그들
의 선택에 허를 찔릴 때가 많습니다.

특히 2002년에 로랑 고데의 『송고르 왕의 죽음』
이 선정된 걸 보고 깜짝 놀랐어요. 블랙 아프리카를 무
대로 전개되는 권력 항쟁 이야기입니다. 열여섯, 열일
곱 살이 좋아할 만한 책은 아니라고 생각했어요. 어른
이 고를 법한 작품이죠. 그해에는 후보작 목록에 학생
들이 선호할 만한 책이 여러 권 있었는데도 그들은 그
런 건 거들떠보지도 않았어요."

에드몽드 샤를 루는 그런 예측 불가능한 점이 고등
학생을 심사위원으로 하는 이 문학상의 가장 큰 매력이
라고 본다.

"고등학생 공쿠르상은 분명 독서 풍경에 새로운 에
너지를 불어넣었어요."

수상 작가가 고등학생 심사위원에게
보내는 메시지
— 2002년도 수상자 로랑 고데

에드몽드 샤를 루가 말한 것처럼 로랑 고데의 『송고르 왕의 죽음』이 고등학생 공쿠르상을 수상한 건 하나의 사건이었다. 수상한 당사자가 너무 놀라서 참가 학생 전원에게 메시지를 보냈기 때문이다. 더욱이 2년 뒤인 2004년, 바로 그 작가의 『스코르타의 태양』이 이번에는 공쿠르상을 받으면서 고등학생들의 뛰어난 안목이 입증되었다.

『송고르 왕의 죽음』은 권력 항쟁으로 세워진 왕국이 권력 항쟁의 먹이가 되어 무너지는 모습을 그리고 있다. 송고르 왕은 20년에 걸친 살육과 정복을 통해 영토를 확장하고 거대한 왕국을 건설한다. 싸움이 끝나자 송고르 왕은 평화를 사랑하는 자비로운 왕으로 군림하며 외동딸인 사밀리아를 이웃 나라 왕자에게 시집보낼 준비를 한다. 그런데 그때 라이벌이 등장해 사밀리아는 자신의 아내가 되어야 한다고 주장한다. 싸움의 불씨를 간파한 왕은 항쟁을 막기 위해 스스로 목숨을 끊는다.

그럼에도 불구하고 전쟁은 일어나고, 어느 쪽도 승리하지 못한 채 몇 년이나 이어진다.

다음은 저자 로랑 고데의 메시지다.

친애하는 여러분

11월 12일, 『송고르 왕의 죽음』이 여러분의 지지로 고등학생 공쿠르상을 받았다는 소식을 듣고 무척 기뻤습니다. 그날 저녁 파리에서 참가 고등학생들을 만났는데 내 모습은 분명 정상이 아니었을 겁니다. 상상도 못한 소용돌이에 휘말려 제정신이 아니었거든요. 지금까지 살면서 이렇게 많은 사람을 만나고 이렇게 많은 질문에 답하는 경험은 한 번도 해 본 적이 없었습니다.

오늘 이 메시지를 쓰는 건 차분하게 생각을 정리해 참가 고등학생 여러분에게 인사를 하기 위해서입니다.

이 상을 받게 되어 너무나 기쁘고 영광스럽습니다. 이 상은 내게 헤아릴 수 없이 큰 것을 가져다줄 겁니다. 우선 첫째로 (글 쓰는 일은 내 유일한 직업이기 때문에 이건 무시할 수 없는 문제인데) 한동안 불안해하지 않고 일에 전념할 수 있는 물질적 지원을 얻을 테지요. 하지만 그보다 큰 것이 있습니다. 여러분 덕분에 내가 쓴 글이 독자의 공감을 얻고 내 글을 다른 사람들과 공유할 수 있다는 확신을 갖게 된 것입니다. 11월 12일 이후 내게 일어난 모든 일은 여러분 덕분입니다. 고맙다는 말은 너무 보잘것없어 보일지 모르지만 내가 해야 할 일은 잘 압니다. 여러분에게 받은 선물은 글 쓰는 일에 한층 더 가까워진 것이라고 생각합니다. 감사 인사를 할 가장 좋은 방법은 더욱더 열정적으로 다음 작품에 임하는 것이겠지요.

여러분 개개인이 이 모험에서 무엇을 얻었는지는 모르겠습니다. 그토록 짧은 기간에 방대한 책을 읽고, 작가들을 만나고, 반에서 토론을 한 것이 독서에 (관심이 없었던 이들에게) 관심을 불러일으켰다면 이 모험은 성공적이었던 겁니다. 부디 그랬기를 바랍니다. 독서는 자유와 학습의 거대한 공간입니다. 읽는 것에 대한 갈망과 토론의 기쁨을 계속 간직했으면 좋겠습니다. 거기에다 이번에는 자신이 몰두할 수 있는 작품을 스스로 고르는 자유까지 있다면 더 좋겠죠. 많은 글을 탐색해 보세요. 배울 점은 늘 있습니다. 그 페이지들은 여러분과 같은 남자나 여자가 욕구와 의심, 모순과 열정에 동요되어 쓴 것입니다. 어떤 학교도 가르쳐 주지 못하는 것을 여러분에게 가르쳐 줄 겁니다. 저자와 독자 사이에는 통하는 것이 있습니다. 하나의 공유이지요. 책은 여러분이 살아 보지 못한 삶 속으로 여러분을 데려갑니다. 미지의 시대, 미지의 장소, 미지의 감정 속으로 여행하게 해 줍니다. 이는 자기 형성에 도움을 줍니다. 교양을 익히라는 말이 아닙니다. 무수한 가르침을 얻어 세상을 향해 열린 사람이 되라는 겁니다.

『송고르 왕의 죽음』이 그런 위대한 기능을 한다는 가당찮은 말을 하려는 게 아닙니다. 하지만 세상의 도서관이 여러분에게 열려 있습니다. 콘래드부터 호메로스까지, 뒤라스에서 마르케스까지, 셰익스피어에서 보들레르까지, 톨킨에서 뒤마까지, 마음껏 즐기시기 바랍니다.

교사 여러분께도 감사의 뜻을 전합니다. 때로는 부담스러웠을 이 모험을 아량과 지성으로 이끌어 주셨습니다.

정말 감사합니다. 카타볼롱가(숭고르 왕이 신뢰하는 수하)가 언제까지나 여러분의 충실하고 마음씨 좋은 동반자이길.

2002년 11월 18일 파리에서

로랑 고데

『웨스트 프랑스』학교 담당 기자
파트리크 라 프레리

언론이 고등학생 공쿠르상에서 수행하는 역할은 무시할 수 없다. 참가 고등학생 상당수가 언론을 통해 자신들이 맡은 역할의 크기를 자각한다. 좋든 싫든 우리는 미디어의 시대에 살고 있다.

프랑스 신문이라고 하면 『피가로』나 『르 몽드』가 떠오르지만 사실 최다 발행 부수를 자랑하는 건 렌느 시에 본사를 둔 『웨스트 프랑스』다. 유럽 전체에서도 상위권을 차지한다.

고등학생 공쿠르상은 어느 유력지에나 크게 보도되지만, 『웨스트 프랑스』입장에서는 본 지역의 사건이기도 하기에 두 달 동안 많은 지면을 할애해 보도에 공을 들인다.

그리하여 『웨스트 프랑스』렌느 본사를 찾아가 학

교 담당 기자 파트리크 라 프레리를 만났다.

　이 신문사에는 학교를 담당하는 독립된 부서가 있다. 이 부서에 속한 기자들은 미디어 교육에 전념할 뿐 기사를 쓰는 통상 임무는 전부 면제된다. 물론 신문기자로 경험을 쌓은 사람이 아니면 할 수 없는 일이다. 이렇게 미디어 교육을 독립적인 부서로 두는 신문사는 프랑스에서는 『웨스트 프랑스』가 유일하며 유럽 전체에서도 드물다고 한다. 라 프레리 씨는 먼저 이 부서에 관해 설명해 주었다.

　"이곳은 '프레스 학교'라는 부서입니다. 학교의 미디어 교육을 지원하는 것이 우리가 하는 일이죠. 학생에게도 선생님에게도 신문이란 무엇인지, 언론이란 무엇인지 제대로 알리고자 종종 학교에 나갑니다."

　대상은 주로 중학교다. 학교 입장에서는 신문을 이용한 수업은 읽기와 쓰기 능력을 기르는 교육의 일환이다. 신문은 문학은 아니지만 육하원칙에 따른 글이기에 쓰기 훈련에 알맞다. 프레스 학교 기자들이 수업에 들어가 학생들에게 직접 기사 쓰는 법을 지도하기도 한다.

　학생들에게 기사를 쓰게 할 때 특히 어떤 점을 주

의시킬까.

"사람들이 신문을 어떻게 읽을지 염두에 두고 기사를 써야 한다는 점을 강조합니다. 신문기사는 꼭 처음부터 읽지 않기도 해요. 때로는 인용부터 읽기 시작합니다. 어디부터 읽을지를 좌우하는 건 사진과 제목입니다. 제목에 이미 모든 정보가 들어 있어야 해요. 신문기사는 소설과 달라서 순서대로 읽는 게 아니라 정원 안을 이리저리 거닐듯이 읽습니다. 때로는 화단 쪽에서 멈추기도 하지요. 그러니 일화를 넣거나 해서 정보를 전달해야 하고, 너무 긴 문장은 피해 최대한 읽기 쉽게 씁니다. 그런 것들을 구체적인 예를 들어 가며 설명합니다."

고등학생 공쿠르상에 관해서는 계통적인 보도가 가능하도록 『웨스트 프랑스』는 해당 신문 판매 영역 내에 있는 모든 참가 학교에 담당 기자를 한 명씩 배치한다. 그 기자가 그 학교 공쿠르 수업을 처음부터 끝까지 일관되게 취재하는 것이다. 『고등학생 공쿠르 신문』 발행도 도우며 학생들에게 기사 쓰는 법이나 일러스트와 사진 넣는 법에 관해 조언한다. 『고등학생 공쿠르 신문』이란 공쿠르에 참가한 경험이 있는 고등학생들이 간행하는 신문으로, 참가 학생들이 의견을 교환하는 하나의 장이다. 신문을 간행하는 학교는 렌느 또는 렌느 근교 고등학교이며 매년 바뀐다.

수많은 문학상 중에서 고등학생 공쿠르상이 특히 언론의 관심을 끄는 이유는 무엇인지 라 프레리 씨에게 물어보았다.

"몇 가지 요인이 있을 텐데요. 하나는 공쿠르라는 위신 있는 명칭인데 그런 의미에서는 전통의 테두리 안에 있어요. 그런데 심사를 맡는 젊은 친구들은 전혀 알려지지 않은 학생들인 데다 심사위원이 매년 바뀝니다. 한데 묶어 고등학생이라고 말하지만 프랑스 전역에 걸쳐 있어 고등학교의 유형도 다양하죠. 여론조사 같은 것보다 훨씬 깊이가 있어요. 그러니 매번 뭔가 새로운 일이 일어나고, 언론 입장에선 어떤 꽃이 필지 모르는 식물을 지켜보는 듯한 재미가 있습니다.

또 하나, 독서하는 젊은이의 모습에는 현대사회에 안도감을 주는 무언가가 있습니다. 가공의 것일지도 모르지만 일반적으로 젊은이들을 말할 때 부정적인 이미지가 선행되기 쉽습니다. 대도시 외곽의 폭력, 집단적 무기력 같은 것들이 자주 거론되죠. 고등학생 공쿠르상은 그런 나쁜 이미지를 바꾸고 희망을 갖게 하는 역할을 합니다."

 고등학생 공쿠르상을 받은 책은 잘 팔린다고들 한다. 정규 공쿠르상보다 좋은 작품을 선정한다고 평가하는 사람도 있다. 신문기자들은 이 점을 어떻게 보고 있을까.

 "고등학생 공쿠르상을 받은 책이 베스트셀러가 되는 경우가 많은 건 사실입니다. 예를 들어 샨 사의 『바둑 두는 여자』나 필리프 그랭베르의 『비밀』이 베스트셀러가 된 건 수상 후였습니다. 실비 제르맹의 『마그누스』는 다소 난해한 작품이지만 수상 후 급격히 매출이 늘었고요. 고등학생 공쿠르상은 신뢰할 수 있다는 평판이 있기 때문이죠. 심사위원들이 어떠한 외부 영향도 받지 않는다는 걸 독자는 알고 있습니다. 심사위원 누구누구는 어디어디 출판사 비위를 맞추기 바쁘다더라, 문학상에는 그런 풍문이 따라다니는 경우가 있는데 고등학생 공쿠르상에는 그런 게 없습니다."

 나는 고등학생 공쿠르상 수상작과 정규 공쿠르상 수상작 목록을 꺼냈다. 프낙서점에서 만든 것인데 고등학생 공쿠르상이 시작된 1988년부터 시작해 두 상의 수상 작품명이 나란히 적혀 있다. "고등학생 공쿠르상 수상작이 주목받기 시작한 건 언제쯤부터인가요?" 라 프레리 씨는 잠깐 고개를 갸웃하더니 1994년 수상작인 클로드 퓌자드 르노의 『새어머니』를 가리켰다. "이 무렵일 거예요."

『새어머니』는 전시와 전후 혼란기라는 특수한 상황에서 떠밀리듯 함께 생활하게 된 타인 간의 유대를 그리고 있다. 본의 아니게 의붓어머니와 의붓아들 사이가 된 남녀. 나이 차는 열다섯 살 정도로 의붓어머니가 아흔을 넘겼을 때 남자는 여든을 바라보는 나이가 된다. 처음에는 사이가 나빴지만 늙어 가면서 특별한 사랑의 형태로 발전한다. 말하자면 노인의 연애를 그린 작품으로, 명작이지만 젊은이들의 흥미를 끌 것 같진 않다. 같은 해 정규 공쿠르상 수상작은 디디에 반 코빌라르트의 『편도승차권』으로 젊은이를 주인공으로 한 작품이었던 만큼, 노년에 초점을 맞춘 『새어머니』가 고등학생의 선택을 받았다는 사실은 더욱 주목을 끌었다. 그런 의미에서 고등학생 공쿠르상의 전환점을 1994년 무렵으로 보는 게 아닐까.

"일반적으로 고등학생은 매우 공정한 선택을 한다

고 할 수 있습니다. 어린 학생들이 어른보다 순수하다는 뜻이 아니라 조직의 특성상 어떠한 이해관계도 끼어들 여지가 없기 때문입니다. 참가 학교는 매년 바뀌고 심사위원은 저자나 출판사와 전혀 관계가 없습니다. 고등학생 심사위원에게는 자신들이 읽은 책 말고는 판단 기준이 없습니다. 독자는 그걸 본능적으로 알아챕니다. 반대로 말하면 그만큼 작가를 심사위원으로 하는 문학상이 신용을 잃었다는 뜻입니다만."

프낙서점

"고등학생 공쿠르상 20주년을 축하드립니다. 이 상을 통해 책과 인연이 없는 어려운 환경의 고등학생을 비롯해 다양한 사회 계층에 속한 젊은이 수천 명이 현대문학을 발견하고 애독하며 독서의 기쁨을 나누었습니다. 프낙서점도 이에 기여했습니다." 2007년도 고등학생 공쿠르상이 시작될 무렵, 프낙 사장 드니 올리벤느가 홈페이지에 발표한 코멘트다.

프낙서점에서 고등학생 공쿠르상에 쓰는 돈은 적

지 않다. 앞에서도 언급했지만 참가 학급에 후보작을 무상으로 제공하는 데다 6개 지역에서 진행되는 저자와의 만남과 지역 심사위원회, 렌느에서 진행되는 최종 심사위원회의 모든 비용을 댄다.

그런데 프낙서점과 교육부 사이에는 종종 작은 알력이 생긴다. 고등학생 공쿠르상 창립자 르 도즈 씨는 이를 아주 솔직하게 인정했다.

"프낙과 우리의 관계가 항상 순조로웠던 건 아닙니다. 목표가 다르고 사고방식이 다른 이상 당연한 일이죠. 프낙의 목적은 책을 파는 것이고 우리의 목적은 독서 교육입니다. 우리는 필연적으로 충돌이 일어날 수밖에 없는 협력 관계를 맺었습니다.

서로 타협도 했습니다. 최근 들어 프낙서점이 농촌 지역 학교에도 책을 제공하게 되었습니다. 프낙이 후원하지 않는 고등학교는 비영리법인 '읽는 소리'에서 후원하고 책값은 지방의회에서 부담하는데, 프낙은 이런 그림을 별로 좋아하지 않습니다. 고등학생 공쿠르상의 홍보를 자신들 수중에 넣고 싶다는 의식이 강하기 때문입니다.

하지만 참가 학교 모집이나 선정은 전적으로 교육

부 측에서 맡습니다. 각 학급 대표와 작품 선출은 투표로 할 것, 지역 심사위원회와 최종 심사위원회에는 교육부 측과 프낙 측 코디네이터 이외에 누구도 동석을 허용하지 않을 것 등을 우리가 주장했고 프낙도 동의했습니다."

어쨌든 양쪽 모두 서로가 필요한 건 분명해 보인다. 고등학생 공쿠르상을 물질적으로 뒷받침하는 건 프낙서점이다. 하지만 고등학생들의 독서와 토론을 보장하는 건 학교라는 틀이며 그것이 효과적으로 이루어지는지 여부는 개별 교사의 창의력과 열정에 달려 있다. 서로가 상대의 역할을 대신할 수 없다. 마찰을 일으키면서도 굳건한 협력 관계를 이루고 있는 점은 정말 프랑스답다.

프낙 쪽도 적지 않은 인적 지원을 한다. 참가 학급에는 프낙서점 커뮤니케이션 담당자가 한 명씩 배치된다. 담당자는 후보작을 전달하는 일 말고도 언론 매체와 학교 간의 파이프 역할 등 외부와의 접촉에 관한 다양한 서비스를 하고 있다.

2007년 5월 파리 교외 클리시에 있는 프낙 본사를 방문해 문화부장 카롤린 코쇼 씨를 만났다.

"고등학생 공쿠르상이 시작되기 전에 커뮤니케이션 책임자 전원이 본사에 모입니다. 그 자리에서 고등학생 공쿠르상 진행에 관해 설명하고 책임자들끼리 교류가 이루어지지요. 예를 들어 '각 학급에 후보작 증정을 어떤 식으로 진행할 것인가' 하는 문제도 사람마다 생각이 다르니 서로 아이디어를 교환합니다. 책과 함께 초콜릿과 쿠키를 가져가는 사람도 있고, 학생들을 공원에 데려가 낭독을 하는 사람도 있습니다. 중요한 건 학생들과의 친밀한 교류입니다. 열여섯에서 열여덟 살쯤 되는 어린 학생들에게는 진심이 담겨 있지 않은 건 통하지 않아요."

현 사장 드니 올리벤느는 고등학생 공쿠르상에 아주 적극적이지만, 나중에 사장이 바뀌면 방침이 전환되는 일이 생길 수도 있을까.

"절대로 있을 수 없습니다." 코쇼 씨가 잘라 말했다. "지금 사장님은 4년 전에 취임했는데 고등학생 공쿠르상에 관해서는 전임자를 계승했습니다. 1988년 창설 이래 임원은 여러 번 교체되었지만 이 건에 관한 방침은 변함이 없어요. 독서 장려라는 프낙서점의 기본 콘셉트와 부합하기 때문입니다."

¶

프낙 측 전국 코디네이터 안느 주메리 씨는 렌느에서 만났다. 그녀는 프낙 렌느 지점 커뮤니케이션 책임자이기도 하다.

프낙 렌느 지점은 중심가 한자리를 차지하며 붉은 벽에 흰색으로 커다랗게 쓰인 fnac이라는 글자가 유독 눈에 띈다. 주메리 씨는 날렵하고 아담한 체구에서 에너지가 넘치며, 청바지로 멋을 낸 모습이 아주 잘 어울렸다.

"후보작을 전달하러 각 지역 프낙서점 커뮤니케이션 담당자가 직접 학교로 갑니다. 우리는 단순히 책을 가져다주는 게 아닙니다. 학생들과의 소통을 매우 중요하게 여기죠. 학생과 작품의 첫 만남은 하나의 축제이기 때문에 수업 시간 한 시간을 통째로 할애해서 진행합니다."

담당 국어교사는 물론이고 학교장과 다른 교과 교사들도 참석한다. 프낙 담당자에게도 감동적인 시간이다. 모두 나온 지 얼마 안 된 책이라 학생들이 처음 보는 작품뿐이다. 프낙은 작품과의 접촉은 자유로워야 한다는 입장이다.

각각의 작품을 모든 학생 수만큼 제공하지는 않지만 전체 권수는 학생 수의 두세 배쯤 되기 때문에 선택의 폭은 충분하다.

"보통은 교사가 책을 정해 주지 않고 학생들이 자유롭게 고르도록 하는 것 같아요. 교육의 일환으로요."

두꺼운 책을 피하고 되도록 얇은 책을 고르려는 학생, 미디어에서 떠들썩한 저자의 책에 달려드는 학생, 디자인이 예쁜 책을 고르는 학생, 제목이나 뒤표지의 해설에 주목하는 학생…… 저마다 보는 눈이 다른 것도 재미난 점이다.

고등학생 공쿠르상 진행 방식에 관해서는 담당 국어교사가 설명하기 때문에, 프낙 측에서 학생들에게 하는 얘기는 '언론 취재를 자주 받게 될 테니 질문에 답할 수 있도록 준비해 두라'는 등이다. 외부인에게 작품에 관한 자신의 생각을 잘 정리해서 이야기하게 된다는 것도 고등학생 공쿠르상의 중요한 측면이다.

처음에는 대다수가 좀 불안한 표정이다. "에이, 이걸 어떻게 읽어!" "이 책 진짜 두꺼워!" 이런 소리가 여기저기서 들려온다. 하지만 두 달간의 독서와 토의 후에 다시 그 반을 찾으면 학생들은 입을 모아 고마움을 표시한다.

"고등학생 공쿠르상은 우리에게 홍보 전략임에 틀림없지만 직접적인 이익을 바라는 건 아닙니다. 수상한 작품의 매출이 올라가는 건 맞지만 그 책은 다른 서점에서도 잘 팔리니 금전적 이익만이 목적이라면 타산이 맞지 않아요. 우리의 투자는 고등학생들이 독서의 즐거움을 발견하게 하기 위해서, 그리고 프낙서점의 이미지를 위해서입니다."

프낙서점이 저자와의 만남을 진행하는 목적은 독서에 활력을 불어넣고, 또 작가란 이미 이 세상에 없는 과거 인물만 있는 게 아니라 실제로 접할 수 있는 살아 있는 사람임을 보여 주려는 것이다. 각 지역 참가 고등학생 전원을 불러 모으기 때문에 극장 등을 통째로 빌려 진행하며, 프낙이 고용한 전문 사회자가 진행을 맡는다. 고등학생은 직업 언론인이 지키는 선을 모르기 때문에 때로는 아주 직접적인 질문을 던진다. 그런 솔직함이 작가들을 기쁘게 한다.

저자와의 만남 외에도 고등학생 공쿠르 사진전이나 수상 후 피날레 파티 등 다양한 이벤트를 기획하는

데 프로그램은 해마다 바뀐다. 매너리즘을 피하기 위해 매년 새로운 아이디어를 낸다.

전국 코디네이터로서 주메리 씨는 10년에 걸쳐 고등학생들의 심사를 눈으로 봐 왔다. 아이들의 가치 판단은 그녀의 눈에 어떻게 비칠까.

"처음에는 접근하기 쉬운 책이 인기가 많아요. 하지만 제대로 된 논거가 없는 인기는 오래가지 않습니다. 젊은이는 자신의 감동을 다른 사람에게 전달하는 일을 어른보다 훨씬 중요하게 생각합니다. 그런 주장은 어른들의 의견 이상으로 다른 젊은이들의 마음을 움직입니다. 논의가 진행될수록 그들의 안목이 점점 높아지는 건 그 때문일 거예요."

4장

「공쿠르의 만남」

우레와 같은 박수, '와아' '삐이' 하는 함성과 휘파람 소리 속에서 키가 훤칠한 젊은 흑인 여성이 무대에 나타난다. 2006년도 고등학생 공쿠르상 수상자, 카메룬 출신 작가 레오노라 미아노. 눌러쓴 흰 모자와 목에 두른 긴 머플러, 굵은 테 안경이 불빛을 받아 두드려져 표정이 잘 보이지 않는다.

　　렌느 시 문화회관 '트리앙그르'의 강당을 가득 메운 고등학생 450명의 시선은 한곳에 집중되어 있다. 모두 열심히 손뼉을 치거나 환호성을 지른다. 두 달에 걸친 고된 독서 마라톤을 완주하고 자신들이 직접 뽑은 작가를 맞이한 행사장은 엄청난 열기에 휩싸여 있다.

2006년 12월 렌느 시에서 열린 「공쿠르의 만남」 속 한 장면이다.

고등학생 공쿠르상 자체는 11월 초 수상작 결정과 함께 끝나지만, 상의 발상지인 렌느는 그동안 다양한 형태로 전개된 독서 활동을 한 걸음 더 발전시킬 목적으로 12월 초에 대규모 문학 이벤트를 개최한다. 바로 「공쿠르의 만남」이다. 브르타뉴를 중심으로 이 지역 15개 공쿠르 참가 학급 학생 전원이 이 행사에 참여한다.

「공쿠르의 만남」은 이틀에 걸쳐 열리는데, 전체 모임과 '아틀리에'라는 분과회가 있으며 아침 9시부터 저녁까지 빡빡한 일정이다. 수상 작가 레오노라 미아노를 비롯한 네 작가와의 질의응답은 전체 모임에서 이뤄진다. 아틀리에는 '공쿠르 아카데미' '서평' '출판사'라는 세 가지 주제로 각각 아카데미 회원, 언론인, 출판인과 함께 진행된다.

렌느 근교 고등학생들은 학교별로 버스를 빌려 행사장에 가고, 멀리서 오는 학생들은 전날 와서 호텔에 묵는다. 식사는 렌느 대학 식당에서 하는데 학생들과 교사들에게 무료 식권을 배부한다. 행사장 안에 카페 코너도 마련되어 있어 휴식 시간에는 커피와 주스를 무료로 마실 수 있다. 둘째 날 저녁 5시면 모든 일정이 끝나지만, 첫째 날에는 대학 식당에서 저녁식사를 한 뒤 교외에 있는 마르트노 시장에서 콘서트와 댄스 나이트 행사가 열린다.

학생들에게는 수학여행이나 마찬가지라 다들 얼굴이 밝고 행사장에서 조는 학생도 전혀 없다. 하지만 교사들은 둘째 날 오후가 되자 역시 피로한 기색이 역력하다.

이 정도 규모의 이벤트를 개최하려면 비용이 꽤 든다. 렌느 시, 렌느 학구, 브르타뉴 지방의회, 바스 노르망디 지방의회, 브르타뉴 지방 문화사업국에서 비용을 지원하고, 이에 더해 각 참가 학교에서 약간의 추가금을 부담한다. 주최자는 비영리법인 '읽는 소리'이며 교육부에서 위임받는 형태다. 일정 편성부터 작가나 언론인 섭외에 이르기까지 모두 '읽는 소리'에서 도맡아 한다.

「공쿠르의 만남」이 시작된 건 1991년이다. 그간 아카데미 회원이나 작가들과의 대화에 참석하는 건 학급 대표 학생들뿐이었지만, 그건 공정하지 못하니 참가 학생 전원이 모이는 이벤트를 마련하자는 게 당초 의도였다. 당시만 해도 프랑스 전역에서 참가 학교가 10~13개 교밖에 없었기 때문에 「공쿠르의 만남」은 모든 참가 학급이 한데 모이는 자리였다.

¶

하지만 프낙의 점포가 확대되면서 1995년에 참가 학교가 50곳을 넘어서자 참가 학생 전원이 모이기가 물리적으로 불가능해졌다. 그리하여 「공쿠르의 만남」은 희망 학교 15개교로 한정해 진행할 수밖에 없게 됐다.

그러던 중 프낙 측도 후보작 저자와 고등학생과의 만남을 추진하기 시작했다. 앞서 말했듯 지역별로 진행한다. 그러다 보니 「공쿠르의 만남」은 브르타뉴와 인근 지역의 15개 학교가 참가하는 지역 이벤트가 되었다. 2002년부터는 프랑스 남부 몽펠리에 시에서도 렌느 시와 같은 행사를 진행하고 있다.

「공쿠르의 만남」은 말하자면 교육부 측 이벤트다. 그런데 프낙이 주관하는 모임에도 '만남'이라는 같은 말이 사용되고 있어 혼동의 여지가 있다. 교육부와 프낙서점의 줄다리기는 이런 부분에서 엿볼 수 있다.

이런 복잡한 내막을 떠나, 렌느에서 열린 「공쿠르의 만남」이 아주 밀도 높고 활기 넘치는 행사였던 것만은 분명하다.

먼저 서평 경연대회 수상작 표창식이 있었다. 후보작에 관한 서평이지만 어느 책을 주제로 쓸지는 개인의 자유에 달렸다. 서평 쓰는 법에 특별한 규칙은 없지만 우선 작품의 주제 또는 그 작품이 제기한다고 생각하는 바를 몇 줄로 정리한 다음 작품 내용을 소개하고 이어 자신의 견해를 적는 게 일반적인 듯하다. 분량은 A4 한 장 정도다.

응모한 학생은 768명, 심사는 공쿠르 참가 학급 학생의 서평과 비참가 학급 학생의 서평으로 나누어 진행되었고, 각각 5편씩 수상작을 뽑았다. 수상자 이름이 한 명씩 발표될 때마다 꺄악, 와아 하는 환호성과 함께 우렁찬 박수가 터져 나온다. 수상자들이 차례차례 무대에 오른다. 남학생 5명, 여학생 5명. "여학생만 나올 줄 알았는데 남학생들도 만만치 않네요!" 옆에 앉아 있던 렌느의 사서교사가 기쁜 듯이 내 귓가에 속삭인다. 수상자 중에는 초등학생처럼 앳돼 보이는 남학생도 있다. 아직 변성기도 오지 않았다. "어리다!" 여기저기서 탄식 같은 속삭임이 들려온다.

「공쿠르의 만남」에 참석한 학생들은 매사에 반응이 민첩하다. 하여간 소리치는 것도 열심, 손뼉 치는 것도 열심이다. 하긴 이런 소음 속에서는 졸기도 어렵겠다 싶지만.

클라이맥스는 뭐니 뭐니 해도 고등학생 공쿠르 수상자 레오노라 미아노가 등장하는 순간이다.

수상작 『다가오는 날들의 윤곽』은 아프리카를 무대로 한 이야기로, 지명과 국명은 특정되지 않았지만 계속된 전쟁으로 피폐해진 사회를 배경으로 전개된다. 가난 때문에, 악마에게 사로잡혔다는 구실로 집에서 쫓겨난 여자아이가 들려주는 방랑기다. 자신을 버린 엄마를 아이는 그 잔혹한 처사에도 불구하고 이리저리 찾아 헤맨다.

"여러분, 고맙습니다!" 무대에 오른 레오노라 미아노가 감사 인사를 하고 중앙 의자에 앉는다. 박수와 함성의 소용돌이가 또다시 행사장을 뒤흔든다. 고등학생 30여 명이 작가를 둘러싸고 낮은 쿠션에 앉아 있다.

「공쿠르의 만남」에서 열리는 모든 모임은 각 반에서 두 명의 학생이 선발되어 무대에 오르게 되어 있다.

무대 끝에서 한 여학생이 수상작 첫 부분을 낭독하고, 질의응답이 이어진다. 단상의 학생들부터 몇 가지 질문을 하면 그 다음 객석에서 발언을 하고 다시 무대로 넘어가는 식으로 마이크가 무대와 객석을 오르내리며 토의가 이어진다. 코디네이터인 르 빌리오 선생님은 가끔 "이제 마이크를 무대로 넘겨주세요" "이번에는 객석으로 넘겨주세요" 하면서 진행을 할 뿐 토의 내용에는 전혀 개입하지 않는다.

"고등학생 공쿠르상 수상 소식을 접했을 때 기분이 어땠나요?" "작가로서의 소질은 어디에서 왔나요?" 같은 질문에서 시작해, 학생들은 점점 작품 내용을 파고드는 질문을 던졌다.

"이 소설은 어디에서 착안했나요?"라는 질문에 레오노라 미아노는 다음과 같이 설명했다.

"중앙아프리카에서 잘 알려진 사회 현상에서 착상을 얻었어요. 이 나라들에선 악마에 사로잡혔다는 이유로 아이들이 쫓겨나는 일이 많습니다. 하지만 이 문제를 다루는 신문이나 잡지는 당사자인 아이에게 눈을 돌리지 않아요. 그래서 아이가 자신의 내면을 들려주는 형식으로 소설을 써 보자 싶었습니다."

아프리카의 부정적인 면만 강조되는 게 아니냐는 지적에 레오노라 미아노가 반박했다.

"제가 그리는 건 아프리카의 부정적인 모습이 아닙니다. 인간 사회의 어두운 부분을 파고들었을 뿐입니다. 가공의 국명을 쓴 건 특정 나라를 향한 비판이 되지 않도록 하기 위해서였습니다. 비슷한 이야기를 프랑스나 코르시카 섬을 무대로도 쓸 수 있겠죠. 저는 인류의 일체성을 굳게 믿습니다. 인류는 하나이기 때문에 이 소설은 여러분 자신의 이야기이기도 합니다. 외국 문학 속에서 자기 목소리의 메아리가 들리지 않는다면 외국 문학을 읽을 필요가 있을까요. 나의 이 작은 아프리카 이야기는 인류의 이야기입니다."

객석에서 큰 박수가 터졌다.

소설에 등장하는 주요 인물이 왜 다 여성이냐는 질문도 나왔다.

"그런 이야기를 많이 들었습니다. 사실 질문을 받고서야 그걸 깨달았습니다. 확실히 이 소설에는 여성이 많이 등장합니다. 나쁜 사람도 여성, 착한 사람도 여성입니다. 아프리카에서는 밖에 나가면 많이 보이는 게 여성이다 보니 자연스럽게 그렇게 된 것 같습니다. 이 소설에서는 인류를 구현하고 있는 것이 여성입니다."

가장 큰 반응이 나온 건 "아프리카 여성의 현주소를 감안해 서구 여성이 해야 할 일은 무엇이라고 생각하십니까?"라는 질문에 그녀가 답했을 때였다.

"서양인에 의해서 아프리카 사회가 개혁되리라고는 생각하지 않습니다. 직접적인 관련이 있는 사람들의 뜻에 반해 밖에서 무언가를 바꿀 수는 없습니다. 당사자가 진정으로 원할 때 사회는 변혁되는 것입니다.

그런데 서양 여성의 조건이 아프리카보다 훨씬 낫다고 단언할 수도 없습니다. 아프리카가 감시 시스템이 희박하고 불평등이 더 심각한 건 확실합니다. 하지만 프랑스에서도 여자로 사는 건 사회적으로 힘든 일입니다. 아이를 키우며 남자와 대등하게 일하기란 쉽지 않습니다. 일에 대한 의욕과 가정을 생각하는 마음 사이에서 늘 고뇌하는 게 현실이죠."

"브라보!" 소리가 여기저기서 터져 나왔고 한동안 박수 소리가 그치지 않았다.

레오노라 미아노는 모든 질문에 매우 심플한 표현

으로 솔직하게 대답했다. 약간 쉰 듯하지만 따뜻하면서도 전달력이 있는 그녀의 목소리가 무척 인상적이었다.

¶

공쿠르 아카데미 회원과 함께 진행된 아틀리에는 아주 즐거운 분위기에서 이루어졌다. 참석한 아카데미 회원은 회장 에드몽드 샤를 루, 작가 디디에 드쿠앙, 평론가 베르나르 피보까지 세 명이었다.

"심사를 하지 않을 때 공쿠르 아카데미 회원은 무엇을 하나요?" 초장부터 그런 질문이 나와 키득거리는 웃음이 행사장 곳곳에서 터졌다. 회장 에드몽드 샤를 루는 매우 진지한 얼굴로 대답했다.

"좋은 질문이에요. 공쿠르 아카데미 회원은 1년에 한 번 공쿠르상 전형만 하면 되니까 나머지 시간은 한가하겠다는 말을 많이 듣습니다. 정반대입니다. 공쿠르 아카데미는 1년 내내 수많은 작품을 읽습니다. 공쿠르상 전형 외에도 다양한 장려금을 주기 위한 심사가 있습니다. 미디어가 그리 크게 다루지 않는 시, 단편, 처녀작, 평전, 아동서 등 5개 장르의 뛰어난 작품에 장려금을 줄 목적으로 심사를 진행하고 있습니다. 쉽게 말해 공쿠르 아카데미는 1년 내내 일을 합니다."

공쿠르 아카데미는 단순한 심사위원회가 아니라 문학협회로, 독서 장려도 협회의 중요한 임무다. 아카데미 회원은 무보수로 일하며 심사장에 오는 교통비조차 스스로 부담한다. 공쿠르 아카데미에는 자본금도 없고 유니폼이나 경비, 사무실도 없다. 한 달에 한 번 레스토랑 드루앙에서 모임을 갖기 때문에 아카데미 앞으로 오는 편지는 이 레스토랑에서 받고 있다.

또 다른 아카데미 회원 디디에 드쿠앵이 덧붙였다. 일본어로도 번역된 작가다.

"그래도 우리는 한 달에 한 번 드루앙에서 만날 때마다 아주 맛있는 식사를 하죠. 고급 와인도 마시고 맛있는 빵도 먹고요. 회원들이 모여 함께 식사하는 것은 정말 즐거운 시간입니다. 만약 그게 없었다면 아카데미 회원이 되지 않았을지도 몰라요."

어떻게 하면 아카데미 회원이 될 수 있는지, 공쿠르 아카데미가 특정 출판사로부터 압력을 받는 일은 없는지, 페미나상과 공쿠르상은 라이벌 관계라고 들었는데 사실인지 등 솔직한 의문이 꼬리에 꼬리를 물었고,

세 명의 아카데미 회원이 번갈아 가며 답했다.

공쿠르상을 받으면 어떤 장점이 있느냐는 질문에는 디디에 드쿠앵이 자신의 경험담을 들려주었다. "공쿠르상은 마법의 열쇠 같은 것이었죠."

수상 전부터 디디에 드쿠앵은 영화 제작의 꿈이 있었지만 아무도 상대해 주지 않았다. 그런데 월요일에 공쿠르상을 받고 화요일이 되자 바로 제작하자는 회사가 나타났다. 희곡은 그 전부터 썼지만 출판사의 외면으로 출간도 어려웠는데 수상하자마자 당장 무대에 올리고 싶다는 연락이 왔다. 예전에는 자신의 작품을 받아 줄 출판사를 찾는 게 일이었다. 그러니 쉬지 않고 글을 쓸 수밖에 없었다. 공쿠르상을 받자마자 경제적으로 여유가 생겨 한 작품에 2년이고 3년이고 시간을 들일 수 있게 되었다. 공쿠르상은 그야말로 마법의 열쇠였다.

"하지만 이 마법의 열쇠는 결코 오래가지 않습니다. 보졸레 누보*보다 단명할지도 모릅니다." 장내가 술렁이더니 박수가 터졌다.

샤를 루 회장도 자신의 공쿠르상 수상 에피소드를 이야기했다.

에드몽드 샤를 루는 미국 대형 출판사 산하 잡지인

---

* 프랑스 브르고뉴의 보졸레 지방에서 생산된 누보 와인. 누보 와인은 그해에 수확한 포도로 처음 생산한 햇와인을 의미한다. 신선한 맛으로 마시는 와인이므로 최대한 빨리 마시는 것이 권장된다. ─ 역자 주

『보그』 편집장이었는데 어느 날 갑자기 해고 통보를 받았다. 너무 갑작스러운 일이라 망연자실했지만 흑인 여성을 표지 모델로 채용한 것이 그 이유였음을 알게 되었다. 지금이야 많은 흑인 여성이 모델로 활약하고 있지만 당시에는 상식에서 벗어난 일이었다. 언론계에서 16년을 일해 왔는데, 마흔이 넘은 나이에 다른 분야에서 일자리를 구할 엄두는 나지 않았다. 언론사를 여기저기 찾아다니며 복사든 뭐든 다 할 테니 써 달라고 부탁했지만 전부 문전박대를 당했다. '해고된 전 편집장'은 요주의 인물이었던 것이다. 하지만 그녀에게는 탈고한 원고 하나가 있었다. 지푸라기라도 잡는 심정으로 그 원고를 갈리마르 출판사와 그라세 출판사에 가져갔더니 두 곳 모두에서 긍정적인 답변이 돌아왔다. 실직 상태에서 정신적인 버팀목이 필요했던 그녀는 작은 출판사와 더 친밀하게 소통할 수 있을 것 같아 그라세 출판사를 선택했다.

"원고를 넘기고 시칠리아 섬으로 휴가를 떠났어요. 그런데 시칠리아에 도착하자마자 편집부에서 연락이 왔어요. 원고에 장章 하나를 추가해 달라며 당장 파리로 돌아오라는 겁니다. 즉 수상 가능성이 있다고 본 거죠.

그 책이 공쿠르상을 수상했어요. 한 달 동안 17개국에서 번역 요청이 왔어요. 그리고 모든 것이 바뀌었습니다."

수상 작품은 『망각의 팔레르모』다.

에드몽드 샤를 루의 이 성공 스토리를 모두가 숨죽이고 경청했다.

아니타 콩티 고등학교 학생들과 함께

「공쿠르의 만남」 이틀 동안 나는 렌느 근교의 아니타 콩티 고등학교 학생들과 함께 다녔다. '아니타 콩티' 배지를 가슴에 달고 학생들과 함께 버스를 타고 똑같이 대학 식당 식권을 받았다. 첫째 날 밤 열린 콘서트와 댄스 나이트에도 참석했다. 담당교사 로랑스 부아세 선생님이 렌느에 있는 자택에 나를 재워 주었다. 그야말로 아침부터 밤까지 공쿠르에 푹 빠져 지낸 이틀이었다.

부아세 선생님과 반 학생들과는 도쿄에서부터 메일로 연락을 주고받았다. 아니타 콩티 고등학교는 인구 1만 6천 명가량의 작은 마을 브뤼에 처음으로 생긴 공립고등학교다. 그 전에는 사립학교만 하나 있어서 공립에 가고 싶은 학생은 버스를 타고 인근 마을로 통학해야 했다. 이 신설 공립학교를 높은 문화 수준을 자랑하는 학교로 만들기 위해 교장과 교사들이 함께 분투했고, 고등학생 공쿠르상 응모는 그 목적에 딱 들어맞았다. 지역에서 생겨난 문학 이벤트라 신문과 TV에서 취재도 많이 나온다. 학교 홍보에도 도움이 된다.

개교한 지 2년밖에 안 된 학교라 아직 1학년과 2학년뿐이다. 고등학생 공쿠르상에 참가한 학급은 문과 2학년 반. 학생은 고작 19명이다. 어느 고등학교나 그렇지만 이과에 비해 문과는 인기가 없어 학생이 줄고 있었고, 문과를 장려한다는 의미로 참가 학급을 문과로 정했다.

나는 언제나처럼 파리에서 일단 여장을 풀었다. 비행기 안에 열두 시간이나 갇혀 있다가 시차가 여덟 시간이나 되는 곳에 도착하면 머리가 정상적으로 돌아오기까지 시간이 좀 걸린다. 왕복 비행시간을 포함해 닷새 만에 미국으로 취재 여행을 다녀온다는 사람을 아는데, 나로서는 불가능한 일이다.

파리에서 렌느까지는 약 350킬로미터, 고속열차를 타고 두 시간이면 간다. 최근에는 시끌벅적한 대도시를 피해 이곳 지방도시에 거주하며 파리까지 통근하는 사람도 있다고 한다. 유럽 중소도시의 매력은 시내 어디든 도보로 갈 수 있다는 점이다. 걷기를 좋아하는 사람에게 도시 산책은 시골과는 또 다른 맛이 있다.

부아세 선생님의 집은 역에서 걸어서 20분쯤 걸리는 한적한 주택가의 단독주택이었다. 외국인을 재워 줄 여유가 있는 것으로 미루어 자녀가 독립한 황혼 부부려니 싶었는데, 상당히 젊어서 깜짝 놀랐다. 부부 모두 30대 중반, 학교는 다르지만 두 사람 다 국어 선생님이고 아이가 셋 있었다. 열한 살 딸아이와 세 살, 다섯 살 아들 둘. 아침에는 정신없이 바쁘다. 온 가족이 모여 떠들썩하게 아침식사를 하고 부부가 분담해 아이들을 학교와 유치원에 데려다준 뒤 각자 직장으로 향한다. 이렇게 바쁜 생활 속에서 외국인인 나까지 받아 주었다니 미안하고 감사할 따름이었다.

아니타 콩티 학생들은 경제적으로 다양한 사회 계층이 섞여 있다. 참가 학급 학생 중에는 굳이 따지면 그리 부유하지 않은 아이가 많다고 부아세 선생님이 설명했다.

공쿠르 참가 소식을 듣자 학생들은 금방 찬성해 주

었다. 싫은 기색을 보이는 학생은 한 명도 없었다. 작가 대다수가 경제적으로 불안정한 생활을 한다. 고등학생 공쿠르상은 상금은 없지만 수상작이 되면 매출이 급격히 오르기 때문에 작가에게 물질적으로 도움이 된다.

"자신들이 주는 상이 작가에게 얼마나 큰 도움이 될지, 학생들은 그런 데에 매우 민감했어요. 아이들은 심사 기준이 엄격해야 한다고 생각했죠. 고등학생 공쿠르상의 임팩트가 얼마나 큰지 잘 알기에 그만큼 진지하게 토의에 임했어요. 학생들은 이 프로젝트를 하나의 도전으로 받아들였어요."

「공쿠르의 만남」 이틀 전에 아니타 콩티의 참가 학급 학생들과 첫 대면을 하기로 되어 있었고, 오후 한 시간 동안 학생들과 대화를 나누기로 계획되어 있었다. 그런데 부아세 선생님의 입에서 상상도 못한 일정이 튀어나왔다. 학생들과 나의 만남을 프랑스 TV 방송국에서 취재하러 온다는 것이다.

그 말을 듣는 순간 마음이 무거워졌다. 나는 TV 카메라가 정말 불편하다. 그 때문에 단단히 얼어붙었던 경험이 있다. 그런 일이 두 번 다시 일어나지 않기를 빌었건만, 그 불운이 하필이면 프랑스에서 기다리고 있을

줄이야!

정식 취재는 당일 아침에 와서 하겠지만, 사전에 미팅을 하고 싶다기에 렌느 역에서 취재팀을 만났다. 여자 한 명, 남자 두 명이었다. '알로에스트'라는 프로덕션이 TV 채널 '프랑스 3'에서 외주를 받아 고등학생 공쿠르상 다큐멘터리 프로그램을 제작 중인데, 일본에서 방문하는 건 드문 일이라 꼭 포함시키고 싶다고 했다.

각오한 일이라 거기까지는 나도 일단 납득했다. 하지만 자세한 설명을 듣고 기겁했다. 내가 그날 렌느 역에 도착한 것으로 하고 역에서 학교까지 가서 반 학생들을 만나 이야기를 하는 모든 과정을 촬영하겠다지 않나. 그들이 약속 장소를 렌느 역으로 정한 이유를 그제야 알 것 같았다. 실제로 방송에 나오는 분량은 촬영 내용의 극히 일부에 지나지 않는다는 것쯤은 알고 있었다. TV 취재란 게 그런 거니까. 하지만 피사체는 그동안 무척이나 불편하고 거북한 상황에 시달린다.

순식간에 안에 입은 옷에 소형 마이크가 채워졌다. 낯선 지하철역을 돌아다니며 표를 사고 열차에 올라 목적지에 도착하면 또다시 서성거리며 버스 정류장을 찾는다. 그러는 동안 카메라가 때로는 정면에서 때로는 옆이나 뒤에서 나를 향하고 있다. 그것만으로도 이미 기진맥진했다.

학생들은 파리의 고등학생들보다 의젓해 보였다. 인원수가 적은 만큼 분위기가 화기애애했고 다정한 미소로 나를 반겨 주었다. TV 취재에도 익숙한 모습이었다. 하지만 나는 카메라의 존재에 압도되어 딱딱하게 굳어 있었다.

학생들에게 할 질문은 미리 준비해 두었다. 비교 대조를 위해 되도록 모든 학교에서 같은 질문을 했다.

공쿠르 참가 소식을 들었을 때 어떤 기분이었는지, 두 달 동안 13권을 읽어야 하는 게 불안하지는 않았는지, 후보작 저자 중에 전부터 알고 있던 작가는 있었는지, 토의는 어떤 식으로 진행했는지…….

문과 2학년 반이라 이과나 1학년 학생들과는 반응이 사뭇 다를 거라 기대했는데 의외일 정도로 공통점이 많았다.

공쿠르에 참가하는 건 기뻤지만 두 달 안에 13권을 읽을 수 있을지 자신이 없고 불안했다고 많은 학생이 답했다. 후보작 저자 13명 가운데 학생들이 아는 작가는 TV에 자주 등장하는 아멜리 노통브와 푸아브르 다르보르뿐이었다. 하지만 문과는 문과다 싶었던 건, 조나탕 리텔의 900쪽이 넘는 대작 『착한 여신들』을 끝까지 읽은 학생이 19명 중 6명이나 있었다는 점이다.

『착한 여신들』은 나치 장교였던 인물의 고백이라는 형태로 쓰인 소설로 저자 조나탕 리텔은 미국인이다.

자신이 저지른 잔인한 행위를 감정 없이 담담히 말하는 필치가 충격적이었던 데다 미국인이 프랑스어로 소설을 썼다는 화제성까지 더해져 그해 언론을 발칵 뒤집었으며 일본 신문에서도 다뤄졌다. 하지만 저자는 사람들 앞에 나서기를 극도로 꺼리는 인물이라 신문이나 잡지 인터뷰에는 응해도 TV 출연은 일절 거부했다. 「공쿠르의 만남」 참가 요청에도 응하지 않았다.

수상작인 레오노라 미아노의 『다가오는 날들의 윤곽』은 거의 만장일치로 좋은 평가를 받았지만 학급을 반으로 갈라 놓은 작품도 있었다. 특히 아멜리 노통브의 『제비 일기』가 그랬다. 아멜리 노통브는 홍보가 필요 없다는 말을 들을 정도로 베스트셀러 작가이며 그녀의 작품은 일본어로도 여러 권 번역되었다.

『제비 일기』는 실연의 고통에서 벗어나기 위해 모

든 감정을 버린 청년이 살인 청부업자가 된다는 이야기다. 청년은 주어진 일을 항상 충실하고 완벽하게 해 낸다. 하지만 자신이 사살한 소녀에게 사랑의 감정이 싹튼 뒤로는 모든 일이 실수투성이가 된다. 금기를 걷어차는 듯한 이 작품의 도전적인 점이 마음에 든다는 학생도 있었지만 "깊이가 부족하다" "끝이 어설프다"고 비판하는 학생도 있었다. 투표 결과 '학급 3편'에 들었다.

오프닝 행사 때 학생들은 자신이 받은 첫 번째 책의 디자인과 제목에서 상상한 내용을 써 보았다. 나중에 그것을 바탕으로 함께 토의해 가설을 세우고 내용을 기록해 두었다. 책을 다 읽은 뒤 처음 받은 인상과 실제 내용을 비교해 보면 대개는 전혀 달라서 매우 재미있다.

첫날에 각자 마음에 드는 책을 가지고 돌아갔는데 다음 날에 벌써 두 번째 책을 가지러 온 학생도 있었다. 의견 충돌도 있었지만 그것은 토의를 발전시키는 원동력이었다.

렌느 시내에 있는 또 다른 참가 학교 빅토르 에 엘렌 바슈 고등학교와 교류하기도 했다. 처음에는 이쪽에서 상대 고등학교로 갔고, 두 번째에는 상대가 이쪽으로 왔다. 그룹을 나눠 원탁회의를 진행했는데 모든 탁자에 양쪽 학교 학생들이 섞여 있었다.

TV 카메라의 존재에도 불구하고 학생들과의 첫 만남은 성공적이었으며「공쿠르의 만남」이틀 동안 학생들과 같이 다니는 것도 즐거웠다. 라오스 출신이라는 여학생이 친근하게 다가와 휴대폰 벨소리를 들려주었다. 일본어였다. "일본에서 유행하는 노래인데! 아세요?" 아쉽게도 모르는 노래였다. 여학생은 프랑스에서 태어나 프랑스에서 자랐기 때문에 대화를 나눠 보니 다른 학생들과 다르지 않았다. "라오스어도 비슷하게 할 줄 아니?" 여학생은 고개를 저었다. "하지만 난 라오스인이에요, 프랑스인이 아니에요."

첫날 모임이 끝나고 대학 식당에서 저녁을 먹기까지 시간이 좀 남아서 학생들과 카페 드 라 페*에 들어가 수다를 떨었다. 9시부터 5시까지 이어진 빡빡한 스케줄로 부아세 선생님은 조금 지친 기색이었지만 학생들은 아직 에너지가 넘쳐 보였다. 한 사람 한 사람에게 공쿠르 참가 소감을 물어보니, 너무 좋았다고 다들 입을 모았다. 한 여학생이 말했다.

---

* 파리 오페라 가르니에 옆에 있는 유서 깊은 카페. — 역자
주

168

"반이 이렇게 하나가 된 적은 지금껏 한 번도 없었어요. 반 아이들 모두가 힘을 합쳐 한 가지 일을 해 내다니 멋진 일이었죠. 상을 준다는 것이 우리에게 책임감을 느끼게 했어요. 이렇게 열정적으로 토론을 한 건 정말 처음이었어요."

다른 고등학교에서는 의식적으로 피했던 질문을 학생들에게 던져 보았다. "직접 뽑는다 해도 공쿠르 아카데미가 선택해 놓은 테두리 안이잖아요. 처음부터 직접 선택하고 싶지는 않나요?" 지극히 합리적인 대답이 돌아왔다. "그러려면 40권이고 50권이고 책을 읽어야하는데 우리 고등학생은 매일 학교에 다녀야 해서 그럴 시간이 없어요. 또 우리가 아는 책만 심사 대상으로 한다면 아마 TV에서 다루는 책만 가지고 하게 될걸요. 공쿠르상 후보작 대부분은 우리가 모르는 작가의 작품이었고 그것이 우리에게는 하나의 발견이었어요. 그래서 더욱 열중할 수 있었죠. 지금 형태가 제일 좋은 것 같아요."

너무 어려운 일을 앞에 두면 사람들은 종종 의욕을 상실한다. 그렇다고 너무 쉬운 일은 매력이 없다. 도전 정신을 불러일으키려면 적당히 어려울 필요가 있다. 고등학생 공쿠르상이 그렇지 않을까. 두 달 안에 12~13권의 문학 작품을 읽기란 쉬운 일이 아니지만 불가능하지는 않다. 학생들끼리 의견 교환을 하며 서로 이해를 돕기 때문에 더욱 그렇다.

"이렇게 열정적으로 토론을 한 건 정말 처음"이라는 아니타 콩티 학생의 말은 공쿠르에 참가한 고등학생들에게 여러 번 들었다. 나로서는 조금 의외였다. 프랑스인은 토론하기를 좋아한다는 인상이 있었기 때문이다. 인간관계의 희박함은 어느 나라나 마찬가지일지 모른다.

공쿠르에 참가하면 한 사람 한 사람이 발언할 수밖에 없는 상황이 만들어진다. 서로 끝까지 이야기해서 결론을 내는 것, 그것은 언뜻 쉬워 보이지만 현대 사회에서 점점 잊혀 가는 것이다. 고등학생 공쿠르상은 학생들에게 이를 환기하고 있는지도 모른다. 공쿠르 이벤트 중 어느 것이 가장 인상 깊었느냐는 질문에 많은 학생이 저자와의 만남을 꼽는다. 영상의 시대에도 육성의 힘은 역시 크다.

참 평범한 일이지만 사람과 사람이 부대끼고 생생한 목소리를 주고받는 것의 힘을, 고등학생들과 대화를 나누며 새삼 실감했다.

¶

고등학생 공쿠르상의 또 한 가지 매력은 참가 학급의 다채로운 면면이다. 학력 수준이 높은 고등학교, 학습 성취도가 낮은 학생이 다수인 대도시 외곽 고등학교, 직업고등학교, 이른바 평균적인 고등학교, 외국 고등학교, 문과반, 이과반, 코스가 나뉘지 않은 1학년 반…… 우리가 아는 모든 유형의 학급이 참가한다. 2000년에는 축구선수 양성 학교가 이 문학 이벤트에 참여했다. 참가 학교는 매년 바뀌기 때문에 이듬해에 어떤 조합이 될지 아무도 예측할 수 없다. 『웨스트 프랑스』 기자 파트리크 라 프레리의 말을 빌리면, 매년 어떤 꽃이 필지 모르는 식물을 지켜보는 재미가 있다.

공통점을 굳이 꼽자면 교사가 의욕적이라는 점이랄까. 참가 응모를 하는 사람은 국어교사다.

고등학생 공쿠르상은 교사와 학생 모두에게 모험이다. 기대와 불안이 교차하는 건 학생들뿐 아니라 교사도 마찬가지다.

교사가 응모를 결심하는 시점에는 공쿠르상 후보작이 아직 정해지지 않았다. 학생들의 심사 대상이 어떤 작품인지조차 모르는 것이다. 고등학생 공쿠르가 시작되는 건 9월에 새 학기가 시작된 직후라 처음 만나는 새로운 반을 이끌고 지금껏 한 번도 시도하지 않았던 프로젝트에 착수해야 한다. 후보작이 발표되면 또 다른 불안감이 고개를 든다. 이 저자의 문체를 과연 학생들이 이해할 수 있을까? 이 작품의 성⬚ 묘사가 학생들에게 지나치지는 않을까? 이런 잔혹한 장면을 1학년이 읽어도 괜찮을까?

많은 학생에게 공쿠르 참가는 그동안 자신들의 생활 영역에 존재하지 않았던 작품과의 만남이다. 학교에서 배우는 건 고전 작품뿐이며, 일상생활에서 접하는 건 청소년 도서나 유행하는 책이다. 후보작 저자들 가운데 간혹 미디어에서 떠들썩한 인기 작가가 한두 명 있기도 하지만 대부분 이름조차 들어 보지 못한 작가다.

출간된 지 얼마 안 된, 아직 평가되지 않은 이 작품들에 학생들은 스스로 평가를 내려야 한다. 독서의 사회화, 즉 독서라는 행위를 공유하는 공간이 만들어짐으로써 그것이 가능해진다. 한 권의 책을 놓고 여러 가지 말이 생겨나고 만나고 부딪친다. 서로의 이해를 돕고 흥미를 유발하며 독서 의욕을 자극한다. 처음에는 싫어하던 학생들도 어느새 푹 빠져든다.

교사의 역할은 이 나눔의 공간을 만드는 일이다. 그런 공간이 생겨나면 교사가 처음 안고 있던 불안은 점점 해소된다. 교사들은 훌륭하게 제 역할을 해낸다. 지난 20년간 고등학생 공쿠르상 참가 학급이 중도 포기한 사례는 단 1건밖에 없었다.

요즘의 학교생활에서 독서가 학생들의 인간관계를 맺어 주는 일은 거의 없다. 하지만 상을 준다는 목적을 공유함으로써 독서는 갑자기 공통의 관심사가 된다. 폴 두메르 고등학교 학생이 말했듯 거기에 끝없는 화제가 있음을 발견하는 것이다. 내가 만난 학생들 모두 "참가해서 너무 좋았다"고 진심으로 말했다. 그만큼 신선한 체험이었을 것이다.

실제로 학생들의 평가가 책 한 권의 운명을 바꾸는 것이니 이들이 짊어진 역할은 가볍지 않다. 2002년 10월 30일 자 『렉스프레스』에는 1997~2002년 고등학생 공쿠르상 수상작의 수상 전과 수상 후 판매 부수가 비교되어 있다. 수상으로 인해 판매 부수가 적어도 3배, 경우에 따라서는 10배 이상 뛴 것을 알 수 있다. 이 상을 받은 작품은 세대를 초월한 독자를 얻는다. 2002년 수상작 『송고르 왕의 죽음』을 쓴 로랑 고데의 경우처럼 무명작가를 세상에 알리기도 한다.

고등학생 공쿠르상에서 미디어의 역할은 매우 크다. 미디어의 존재를 통해 자신들이 사회적으로 책임 있는 행위를 담당하고 있음을 실감하는 학생이 적지 않다. 기자들은 단지 취재를 하러 올 뿐 아니라 후보작을 다룬 학생들의 서평을 신문에 싣는다. 기자가 학생들에게 서평 쓰는 법을 강의하는 경우도 있다.

토의는 서로 간의 이해를 깊게 만든다. 다른 사람과 의견을 주고받음으로써 자신이 간과했던 것, 외면했던 것을 깨닫기도 하고 한마디 말이 불현듯 무게를 얻기도 한다. 그렇게 학생들의 사고는 벼려지고 작품을 보는 눈은 날카로워진다.

고등학생의 선택은 항상 어른들을 놀라게 한다. 이는 그들이 전력투구로 벌이는 공동 작업에서 나온 결과다.

고등학생 공쿠르상이 시사하는 바는, 독서라는 것

이 여전히 밀도 높은 시간과 공간을 나누는 수단이 될
수 있다는 사실 아닐까.

2부

아이들이
뽑는
문학상

5장

세대를 넘어 — 크로노스 문학상

아이들이 심사위원인 문학상이 있다. 그중에서도 크로노스 문학상과 앵코립티블상은 규모가 크다. 아이들이 자신들의 손으로 문학 작품에 상을 줘야 할 때 독서는 더욱 능동적으로 변한다. 고등학생 공쿠르상이 좋은 사례다. 체계도 주최자도 전혀 다르지만 크로노스상과 앵코립티블상은 독서를 장려한다는 기본 틀에서는 고등학생 공쿠르상과 일맥상통한다.

크로노스상은 '늙음'을 주제로 하는 작품에 주는 문학상이다. 세대 간의 관계, 삶의 행로, 죽음, 세대에서 세대로의 전달, 이 모든 것을 포함하는 늙음이다.

크로노스상 심사위원의 연령대는 유치원생부터 노인까지 다양한 세대에 걸쳐 있다. 1996년 심사위원 230명으로 시작한 이 문학 이벤트의 참가자는 2007년 4만 628명에 이르렀다. 외국인도 포함되며, 알제리·사우디아라비아·베냉·부르키나파소·덴마크·스페인·미국·모로코·네덜란드·포르투갈·루마니아·러시아·세네갈·베트남 14개국에서 총 3025명이 참가했다.

크로노스 문학상은 국립노년학재단에서 만든 상으로, 원래 출발점에는 '독서 장려'라는 발상이 거의 없었다. 그러나 무슨 일이든 누가 담당하느냐에 따라 양상이 바뀐다. 이 상을 확산시킨 것은 사서와 사서교사와 교원이다. 아이들에게 책을 읽히는 것이 그들의 가장 큰 관심사였기 때문에 크로노스 문학상은 저절로 독서 교육의 형태로 발전했다.

노년학재단의 당초 의도는 노년이라는 것에 따라다니는 부정적 이미지를 떨칠 수 있는 참신한 프로젝트였다. 하지만 어른은 자신이 늙어 간다는 사실을 인정하고 싶지 않고, 노인은 자신의 늙음을 받아들이려 하지 않는다. '노년의 재평가'라고 입으로 말하기는 쉬워도 막상 구체적인 방책을 세우려 들면 거기에는 두꺼운 벽이 있다.

발상을 역전시켜 늙음의 문제를 아이들이 생각하게 하는 것이 오히려 효과적이지 않을까. 아이들에게 친근한 노인은 조부모다. 방학을 함께 보내고, 아버지나 어머니 대신 학교에 데려다주고 데리러 오는 사람이 조부모다. 아이들은 어른만큼 늙음에 거부감이 없다.

여기에서 나온 아이디어가 '늙음'이라는 주제로 쓰인 작품에 아이들이 상을 준다는 것이었다. 구호는 "성장하는 것은 늙는 것, 늙는 것은 성장하는 것"이며, 아이디어를 낸 사람은 국립노년학재단의 연구원 주느비에브 아르프 보세와 커뮤니케이션 담당자 자클린 고상스였다.

주느비에브 아르프 보세가 이 문학상에 '크로노스'라는 이름을 붙였다. 크로노스는 그리스 신화에 나오는 시간의 신이다. 딱 맞는 명칭이다.

비록 미흡할지라도 일단 실행에 옮기는 게 중요했다. 두 사람은 연줄이 있는 학교에 직접 찾아가 교사들을 설득하는 일부터 시작했다.

이렇게 해서 초등학교 4~5학년 170명과 중학생

60명, 총 230명이 심사위원으로 제1회 크로노스상에 참여하게 된다. 아이들이 심사할 후보작을 결정하기 위해 어린이·청소년책을 취급하는 서점과 협의를 거듭한 끝에 초등학생 대상으로 10편, 중학생 대상으로 12편의 후보작을 골랐다. 고등학생 공쿠르상 같은 빡빡한 스케줄은 아니고, 책 읽는 기간은 새 학기가 시작되는 9월부터 이듬해 2월까지로 잡았다.

제1회 크로노스 문학상의 중학생 부문 수상작은 귀딜의 판타지 소설 『도서관에서 생긴 일』. 소년 기욤은 매일 밤 창문으로 건너편 집에서 밤늦게까지 글을 쓰는 할머니를 훔쳐본다. 불이 꺼지면 언제나 그 집에서 정체 모를 소녀가 나온다. 어느 날 밤 뒤를 밟았더니 소녀는 뒷문으로 도서관에 숨어든다. 소녀는 명작의 세계를 헤맨다. 그리고 소년은 그 소녀가 할머니의 기억 속에 사는 존재임을 알게 된다.

초등학생 부문 수상작은 앨런 세이의 그림책 『할아버지의 긴 여행』으로, 손자가 들려주는 돌아가신 할아버지 이야기다. 영어를 번역한 책으로 일본어판도 나와 있다. 할아버지는 젊은 시절에 미국을 여행하게 되는데, 처음 보는 드넓은 농지와 공장지대에 눈이 휘둥

그레진다. 특히 캘리포니아에 매료되어 결혼한 뒤 아내와 함께 이곳으로 이주한다. 나이가 들어 고향이 그리워진 할아버지는 고국으로 돌아왔고 그곳에서 '나'가 태어난다. 할아버지는 이제 캘리포니아를 그리워한다. '나'는 할아버지처럼 청년이 되자 캘리포니아로 떠나고, 그러다 고향이 그리워져서 돌아온다. 할아버지는 일본인이고 저자는 요코하마 출신이다. 어디에 있어도 다른 땅이 그리워지는 건 많은 이주자의 공통된 심정이다.

시상식은 3월 파리 북페어 행사장에서 열렸으며 심사위원으로 참여한 아이들도 초청되었다.

이 일이 신문에 보도되면서 독서 지도에 열정을 가진 교사와 사서 들의 관심을 끌었다. 둘째 해인 1997년에는 교사들의 제안으로 초등학교 4~5학년과 중학생 부문에 더해 '유치원생·초등학교 1학년' 부문도 생겨났으며 총 참가자 수는 전년의 10배인 2500명에 달했다.

처음에는 파리 지역에 한정되어 있었지만 참가자가 늘면서 전국으로 확대되어 연령층의 폭도 넓어졌다. 2000년부터는 유치원생·초등학교 1학년, 초등학교 2~3학년, 초등학교 4~5학년, 중학교 1~2학년, 중학교 3~4학년, 이렇게 총 5개 부문이 되었다.

이듬해인 2001년, 크로노스상 심사위원의 범위를 어른까지로 넓히면 어떻겠느냐는 논의가 일어났다. 세대 간의 관계, 삶의 행로, 세대에서 세대로의 전달, 늙음, 죽음...... 이런 것들은 어느 누구와도 관련이 있는 주제다, 심사위원을 특정 연령층으로 한정하는 것은 상의 정신에 어긋난다는 얘기였다. 사실 어른들도 이미 참여하고 있었다. 양로원 등에서 꾸려진 독서클럽이 어린이 부문에 참가하고 있었던 것이다. 그들에게 어린이 책을 읽는 일은 종종 독서라는 것의 재발견이었다.

아이들에서 시작된 크로노스상은 이렇게 어른들까지 포함하는 범세대적 문학상이 되었다. 이는 지극히 자연스러운 흐름이었다. 처음 아이디어를 낸 건 노년학 재단이지만 그 구조는 상의 보급과 함께 스스로 완성되어 갔다. 참고로 2007년도 최고령 참가자의 나이는 95세였다.

크로노스 문학상 안내지에는 이렇게 적혀 있다.

크로노스상의 주제는 묵직하고 중요하다. 유년부터 노년까지 세대의 연쇄 속에서 어떤 역할을 하는 영웅을 그린 작가에게 상을 준다. 이 작가들이 그리는 이야기는 탄생부터 죽음까지의 현실을 마주하고 있으며, 나이 든 사람과 젊은 사람이 만나 서로의 마음속에 간직한 것을 토로하며 자신의 삶을 꾸려 간다. 퍼즐 그림을 완성하는 데 어떤 조각도 빼놓을 수 없듯이 삶의 발견에는 어떤 연령도 빼놓을 수 없다.

생일이 돌아오면 사람은 한 살 더 먹고, 또 성장한다.

"성장하는 것은 늙는 것, 늙는 것은 성장하는 것."

현재 크로노스상 후보작은 6개 부문으로 나뉜다. 핑크(유치원생·초등학교 1학년), 그린(초등학교 2~3학년), 바이올렛(초등학교 4~5학년), 옐로(중학교 1~2학년), 블루(중학교 3~4학년), 오렌지(고등학생~성인) 부문이며, 부문별로 5권가량씩 후보에 올라 참가자들의 심사 대상이 된다.

이런 구분은 어디까지나 후보작의 난이도를 나타내는 기준일 뿐 실제로는 어느 연령층이 어느 부문에 참가하든 완전히 자유다. 열세 살 학생이 오렌지에 도전하건, 80세 노인이 그린에 참가하건 상관없다. 노인 중에는 어른 책보다 어린이 부문 후보작을 선택하는 사람이 적지 않다. 어른들을 위한 작품에는 자신들의 현실과 겹치는 부분이 있고 때로는 너무 심각해서 마음이 무거워지기도 한다. 반면에 어린이책에는 꿈이 담겨 있어 즐겁게 읽을 수 있다.

규칙은 단 하나, 어느 부문을 선택하든 그 후보작을 모두 읽어야만 투표 자격을 얻는다는 것이다.

학생들의 독서 능력이 특히 낮다고 여겨지는 학교에서 종종 이 유연한 규칙을 잘 활용한다. 마지막 장에서 살펴볼 파리 교외의 빅토르 위고 중학교가 좋은 예다. 학생들의 80퍼센트가량이 아시아·아프리카·아랍권에서 온 이민자 자녀로 부모 상당수가 실업자인 중학교인데, 두 사서교사가 열정적으로 독서 교육에 나섰으며 크로노스상도 그 일환이었다. 중학교 1학년 반을 바이올렛 부문(초등학교 4~5학년)에 참가시켰는데 결과가 아주 좋았다. 주제가 명확하기 때문에 토의를 진행하기 쉽고, 많은 학생에게 조부모는 자신들의 출신지를 상징하는 존재여서 금세 관심이 쏠렸다.

크로노스상 참가 형태는 다양하다. 유치원이나 초등학교 저학년의 경우 학급별 참가가 많지만, 문화센터 독서클럽이 참가하는 경우도 적지 않다. 학급별로 참가하는 경우 담당자는 교사지만, 문화센터 독서클럽은 애니메이터가 지도자 역할을 한다. 학년이 높아질수록 사서교사가 독서클럽을 조직해 참가하는 경우가 많으며, 여기에 공공도서관 주최 독서클럽, 독서 관련 비영리법인, 혹은 어디에도 소속되지 않은 자유 독서 동호회 등도 참가한다. 요컨대 다섯 명 이상 모이면 누구나 참가할 수 있다.

다섯 명 이상이라는 제한은 주최자 측의 물리적 제약에 따른 것이다. 참가자만 4만 명이 넘기 때문에 그 사람들이 각자 신청을 한다면 주최자는 업무 마비 상태에 빠지고 만다.

어떤 형태로 참가하든 참가자는 누구나 동등하게 한 표를 행사한다. 이 모든 표가 전국 코디네이터에 의해 부문별로 집계되어 수상작이 결정된다.

대개는 득표수가 비교적 골고루 분산되어 근소한 차이로 수상작이 결정되곤 하지만, 때때로 압도적 인기를 끄는 작품이 나온다. 2007년도에 바이올렛(초등학교 4~5학년) 부문에서 수상한 클레르 클레망의 『룰레트』, 오렌지(고등학생~성인) 부문에서 수상한 올리비에 데크의 『영원한 눈』이 그랬다.

『룰레트』는 나이가 들어 배우자를 잃은 사람이 빠

지는 정신적 위기를 부각한다. 룰레트는 열 살짜리 여자아이. 할아버지와 아주 사이가 좋아 학교가 쉬는 수요일은 항상 함께 보낸다. 할아버지는 해바라기 심는 게 취미고 시를 좋아하며 농담을 잘한다. 할머니는 심장이 좋지 않아 침대에 누워 있을 때가 많다. 어느 날 할머니가 발작을 일으켜 갑작스레 세상을 떠난다. 할아버지는 말을 잃고 삶의 의지를 놓아 버린다. 부모님은 할아버지를 양로원에 보내려 하지만 룰레트는 할아버지의 회복을 믿는다. 룰레트는 몰래 할아버지를 '유괴'해 과거 철도가 있었던 곳에 방치된 폐차 안에 숨기고, 노숙자 아저씨가 도와준다. 할아버지의 실종으로 집안은 발칵 뒤집히고, 수색 요청이 접수되어 룰레트와 할아버지는 경찰에 발각될 위기에 처한다. 그런데 할아버지가 말을 되찾는다. 사랑하는 사람의 죽음으로 심신이 마비 상태에 빠졌던 것이다. 할아버지는 할머니와 추억이 가득 담긴 집을 떠나 해바라기가 만발한 프랑스 남부로 여행을 떠난다.

올리비에 데크의 『영원한 눈』은 할아버지와 손자의 만남을 그린다. 열세 살 소년 프레드는 여름방학에 깊은 산골 마을에 사는 외할아버지에게 보내진다. 도시에서 자란 프레드에게 자연이란 TV 속 야생동물과 아름다운 산과 들판이었지만, 실제로 본 할아버지 집은 낡고 지저분해 불편하기만 하다. 프레드와 할아버지는 이번이 첫 만남이다. 그동안 프레드의 부모님과 할아버지는 왕래가 전혀 없었다. 반항기 소년과 완고한 할아버지의 만남은 충돌로 시작하지만 시간이 갈수록 우정 같은 것이 싹튼다. 그리고 소년은 부모님이 숨겨 온 과거의 불화를 조금씩 알게 된다…….

¶

파리 미라보 거리에 있는 노년학재단을 방문해 크로노스상 전국 코디네이터 베르나르 파리스 씨를 만났다.

파리스 씨는 다정한 미소로 나를 맞아 주었다. 마른 체형의 중년 남성인데 어딘지 청년다움이 느껴졌다. 사무실에 책과 서류, CD가 빼곡히 꽂힌 책장들이 빽빽이 늘어서 있어 어느 도서관 서고에 기어 들어온 기분이었다. 한쪽 구석에 마련된 작은 공간이 파리스 씨가 일하는 곳이었다. 책상에는 컴퓨터와 함께 형형색색 파일과 책이 수북하고, 벽은 크로노스상의 장면일 듯한 사진들로 꾸며져 있었다.

노년학재단에서 크로노스상만 전담하는 직원은 파리스 씨뿐이다. 바쁠 때는 다른 직원 서너 명이 도와주지만 참가단체 접수부터 후보작 출판사와의 접촉에 이르기까지 대부분 업무를 혼자 처리한다. 전국 코디네이터라는 중책을 어떻게 맡게 되었는지 묻자 파리스 씨는 이런 이야기를 들려주었다.

"노년학재단에 처음 왔을 때 저는 실직한 직후였어요. 그 전에는 교통기관에 있었는데 일에 흥미를 잃어서…… 여기서 처음엔 복사 담당이었는데 일주일에 고작 여덟 시간을 일했죠. 그러다 다른 일도 맡기 시작하면서 풀타임으로 일하게 됐습니다. 딱 그 무렵이에요, 아르프 보세 씨와 자클린 고상스 씨가 크로노스상 아이디어를 낸 게. 나는 즉시 코디네이터를 자원하고 나섰어요. 원래 문학 전공이라 책 읽는 걸 무척 좋아하거든요. 그럼 시험 삼아 해 보라고 하더군요. 순조롭게 일이 돌아가자 그대로 이 자리에 머물게 됐어요."

크로노스상이 초기 의도보다 훨씬 널리 보급된 것에 관해 파리스 씨는 이렇게 말한다.

"웹사이트를 만든 것 말고는 아무런 홍보도 안 했

어요. 학교에 직접 제안한 건 제1회뿐, 그 뒤로는 저희 쪽에서 먼저 권유를 하진 않았어요. 늙음, 죽음과 같은 주제에는 조금 민감한 부분이 있잖아요. 그렇다 보니 대대적으로 홍보하기가 껄끄럽죠. 크로노스상이 사서와 교사 들에게 널리 알려진 건 입소문 덕분입니다."

사서와 교사 들은 이 이벤트가 아이들에게 독서의 즐거움을 가르칠 절호의 기회라고 봤다. "너희들 한 사람 한 사람이 심사위원이 되어 한 표를 던지는 거야." 그렇게 설명하면 아이들은 갑자기 눈을 반짝이고 토의 열기는 뜨거워진다. '늙음'이라는 주제가 아이들의 흥미를 끈다.

"가족의 선조나 세대 간의 문제, 나이 든다는 것은 어린이와 사춘기 청소년도 잠재적으로 관심을 품은 문제이고, 또 그 관심이 상당히 날카롭습니다. 하지만 평소에는 그런 주제의 책을 만날 일이 별로 없어요. 크로노스상에 참가한다는 건 평소와 다른 작품을 접할 기회를 얻는 일이죠."

초창기에는 참가 신청을 하는 사람이 대부분 교원이었다. 최근에는 학교 도서관이나 공공도서관 사서들이 주도해 움직이는 사례가 늘고 있다. 1998년부터는 앞에서 언급한 파리독서센터와의 제휴를 시작하면서 문화센터의 참가가 부쩍 늘어나 매년 170~180곳에서 신청한다. 양로원에서 참가하는 경우도 적지 않다. 이때 신청자는 시설에서 일하는 애니메이터들이다.

후보작 선정부터 수상작 결정까지는 다음과 같은 단계를 거쳐 진행된다.

우선 프랑스에서 출간된 모든 문학 작품 중 크로노스상의 주제에 맞는 책의 목록을 만든다. 프랑스어로 읽을 수만 있으면 되기 때문에 번역서도 포함된다. 이 많은 일을 파리스 씨가 혼자서 처리한다.

"저는 독서 정보지를 매달 체크합니다. 크로노스에 맞겠다 싶은 책이 보일 때마다 출판사에 연락해 한 권 보내 달라고 부탁하죠. 대개는 제목이나 홍보 문구로 알 수 있는데, 출판사 측에서 주제에 맞는 작품이라며 보내오기도 합니다. 매년 400~450권을 선정하고 있습니다."

그걸 모두 읽느냐고 물었더니 "물론이죠!"라는 대답이 돌아왔다. 그렇다면 독서가 그의 일 중에서 가장 큰 부분일까.

"천만에요, 독서는 근로시간 외의 일이에요! 코디

네이터는 바빠서 책 읽을 시간 같은 건 없죠. 그림책이나 아동서는 근무 중에 읽기도 하지만요. 어른을 위한 작품은 밤에 읽거나 주말에 읽습니다. 휴가 중에도요."
그렇게 말하며 파리스 씨는 해맑게 웃었다.

만듦새가 조잡한 책을 제외하고, 목록에 포함된 작품을 6개 부문으로 나누어 간단한 내용 소개와 함께 웹사이트에 올린다. 거기서부터는 후보작 전형위원의 일이다. 위원회는 부문별로 꾸려진다.

전형위원이 되고 싶은 사람은 스스로 입후보한다. 학교 도서관이나 공공도서관 사서, 교원, 애니메이터, 교육 장학관, 노년학재단 직원 등이다. 여러 지역에 흩어져 있다 보니 이들의 논의는 대부분 인터넷상에서 이루어진다. 코디네이터가 놓친 책을 전형위원이 발견해 추가하는 경우도 있다.

그런 다음 위원들은 각자 자신이 선택한 작품을 순서대로 카드에 적어 코디네이터에게 보낸다. 각 부문 후보작은 이 카드들을 집계해 결정되는데 이때 약간의 조정이 필요하다. 후보작의 주제가 다양해야 하기 때문이다. 예를 들어 전부 죽음에 관한 작품이라면 곤란하다. 세대 간의 관계나 늙음, 삶의 행로를 다룬 작품도 필요하다. 그래서 열리는 것이 최종 전형위원회다. 전형위원이라면 누구나 이 회의에 참가할 자격이 있지만 파리에서 열리기 때문에 실제로 참석하는 이는 주로 파리나 그 인근에 사는 위원들이다.

이렇게 결정된 부문별 후보작이 웹사이트에 발표되는 건 여름방학을 앞둔 6월 중순경, 그와 함께 참가 신청 접수가 시작된다.

"후보작은 누구나 쉽게 구할 수 있어야 합니다. 저는 저자나 출판사에 연락해 후보작이 적어도 12월 말까지는 서점에 놓일 수 있도록 배려해 달라고 요청합니다." 파리스 씨는 말한다.

참가자들의 독서와 토론이 시작되는 건 새 학기가 시작되는 9월부터지만, 조금 안정이 된 10월쯤 시작하는 곳이 많은 것 같다. 파리스 씨는 참가단체의 문의에 답변하는 일도 한다. 참가자 중에 얼마 전 육친을 잃은 아이가 있는데 그 아이에게 상처를 주지 않고 죽음에 관해 이야기하려면 어떤 배려가 필요한가, 이런 문의가 특히 많다. 완벽한 답은 존재할 수 없지만, 파리스 씨는 각각의 경우에 알맞은 조언을 하고자 최선을 다한다.

투표용지, 개표 결과 집계용지 등은 웹사이트에서

다운로드하거나 우편으로 받을 수 있다. 각 단체는 자체적으로 투표를 진행해 집계 결과를 인터넷을 통해 코디네이터에게 전달한다. 우편으로 보내도 된다.

"초기에는 아직 인터넷이 보급되지 않아 투표용지를 봉투에 넣어 우편으로 보내 달라고 했어요. 집계하느라 진땀을 뺐죠. 지금도 성인 부문은 결과를 우편으로 받아요. 용지에 나이와 성별을 기입하는 칸이 있어요. 어느 연령대가 얼마나 참가하는지 파악하려는 목적인데, 상당히 균형 있게 분포되어 있답니다."

투표는 2월 말에 마감된다. 파리스 씨는 노년학재단의 다른 직원들의 도움을 받아 3주에 걸쳐 결과를 정리한다.

6개 부문의 각 수상작 발표는 3월 파리 북페어 행사장에서 이루어진다. 그런데 이 행사장은 수용 인원이 400명이다. 초기에는 그만하면 충분했지만 지금은 모든 이가 한자리에 모이는 피날레 행사를 열기란 물리적으로 불가능하다. 그리하여 가능하면 각 단체가 자체적으로 피날레 행사를 열도록 당부하고, 크로노스 문학상 포스터와 참가자 개개인에게 주어지는 증서는 재단 측에서 제공한다.

이렇게 규모가 큰 이벤트를 운영하려면 당연히 그만큼 자금이 필요하다. 재정 지원을 하는 곳은 문화부, 교육부, 청소년·스포츠부 같은 공공기관과 약학 연구소, 퇴직자 기금, 프랑스 철도 같은 기업체다. 어느 곳의 비중이 특별히 크지는 않다.

파리스 씨는 크로노스상의 시작부터 지금까지 모든 것을 봐 왔다. 앞으로도 코디네이터를 계속할 생각일까?

"물론 계속할 겁니다. 조금 힘들긴 해도 제 모든 걸쏟을 수 있는 일이에요. 상부의 지시랄 게 없고, 문제가 생기면 자력으로 해결해야 하고, 생각난 건 바로 실행에 옮길 수 있습니다. 이렇게 보람 있는 일은 또 없어요!"

카샹 시립도서관의 노력

카샹. 수도권 발드마른 주에 있는 인구 약 2만 8천 명의 도시. 대학 도시이니만큼 젊은 층이 많다. 온갖 나라의 사람들이 조화롭게 공존하는 곳으로 알려져 있다. 다수파 민족이 존재하지 않고 모든 주민이 마이너리티(소수파)라 평화롭게 어우러진다는 얘기도 있다.

2007년 6월 어느 날 저녁, 카샹 시의 작은 도서관은 흥겨운 분위기에 휩싸여 있었다.

2층 다목적 홀에 사람들이 마흔 명쯤 모여 있다. 예닐곱 살부터 열두세 살 아이들, 고등학생으로 보이는 청소년, 중년 남녀, 여든은 넘은 듯한 노인, 지적인 분위기의 여성, 평범한 동네 아저씨 느낌의 남성 등이다. 여기저기에서 제스처를 듬뿍 섞어 이야기하거나 웃고 있고, 아이들이 그 사이를 뛰어다니며 환호성을 지른다.

나이로 보나 민족이나 사회 계층으로 보나 언뜻 봐선 아무런 공통점도 없는 사람들 같지만 사실은 모두 크로노스상 심사위원이다. 후보작을 놓고 4개월간 논의하고 의견을 교환해 온 범세대적 독서 모임이다.

코디네이터는 카샹 시립도서관. 그리고 지금 이곳 도서관에서 크로노스상 피날레 파티가 열리려 한다.

로랑스 아즈망 관장이 회원 서너 명과 함께 창가 테이블에 초콜릿 케이크와 미트파이, 과일 타르트를 차리고 있다. 각자 분담해서 집에서 만들어 왔다고 한다. 홍차, 오렌지주스와 사과주스도 있고, 얼음통에는 샴페인 병이 꽂혀 있다.

"자, 이제 시작합시다!" 아즈망 관장이 말한다. 반원 모양으로 네다섯 줄씩 배치된 의자에 사람들이 자리를 잡는다. 가장 먼저 올해 크로노스상 수상작을 발표한다. 정면에 놓인 테이블 앞에 일고여덟 살짜리 여자아이와 남자아이가 나란히 섰다.

여자아이가 입을 뗀다. "핑크 후보작 작품은 다음 다섯 편이었습니다. 슈지 쉬크의 『기다려……』, 장 뮈지의 『왜 할머니에게 친구가 많이 생겼을까』, 베아 드류루나르의 『나의 할아버지』……." 여자아이는 후보작을 한 권 한 권 높이 쳐들고 모두가 볼 수 있도록 이리저리 돌린다.

"수상작은……." 그렇게 말하며 남자아이가 테이블에 놓인 봉투를 집어 가위로 자른다. 이어 수상작이 적힌 종이를 꺼내 한층 소리 높여 제목을 읽는다. "『왜 할머니에게 친구가 많이 생겼을까』!" 일제히 박수가 터지고 "위oui* ! 위!" 입을 모아 소리친다.

이어 다른 어린이 한 쌍이 나와 그린 부문 결과를

발표하고, 또 다른 아이들이 번갈아 나와 바이올렛, 옐로, 블루, 오렌지 부문 후보작과 수상작을 차례차례 발표한다. 6개 부문 중 4개 부문 수상작은 카샹 독서클럽의 투표 결과와 일치했지만 다른 두 부문은 이들의 선택과 다른 작품이 수상했는데, 이때만큼은 야유가 일었다.

수상작 발표가 끝나자 아즈망 관장이 크로노스상 참가증서를 한 사람 한 사람에게 전달했고, 드디어 뷔페 파티가 시작되었다. 아이들은 각자 홍차나 주스를 컵에 따르고 어른들은 샴페인을 든다. 건배! 저마다 케이크와 미트파이를 접시에 덜어 삼삼오오 모여 이야기를 나눈다.

아이들은 호기심이 많다. 금세 네다섯 명이 내 주위로 모여든다. "일본은 프랑스보다 훨씬 커!" 한 남자 아이가 말한다. "아니야. 면적은 프랑스가 일본의 1.5배, 인구는 일본이 프랑스의 2배!" 다른 아이가 자신만만한 얼굴로 반론한다. 이름을 물으니 아이는 "소피앙"이라고 답하고는 내가 들고 있던 노트에 커다랗게 이름을 적고 열세 살이라고 덧붙인다. "나는 아피앙, 열네 살." 또 다른 아이도 이름을 써 준다. 아이부터 노인까지 다

양한 연령대가 모인 이 클럽에선 독서모임이 어떤 식으로 진행될까. 소피앙이 이야기해 준다.

"2주에 한 번 화요일 저녁마다 여기 모여 다 함께 테이블에 둘러앉았어요. 오렌지 후보작부터 시작할 때도 있고 그린 후보작부터 시작할 때도 있고 그때그때 달랐어요. 사서 선생님이 어떤 책을 읽은 사람이 있는지 물어보면 읽은 사람이 의견을 말해요. 그 의견에 찬성하지 않는 사람은 반론을 해요. 생각이 똑같지 않으니까 크로노스가 재미있는 거예요. 나는 핑크랑 그린, 블루, 옐로 다 한두 권씩은 읽었는데 전부 읽은 건 바이올렛뿐이에요. 그래서 바이올렛에 투표했어요. 어른 책이요? 으음, 안 읽었어요, 어려워서. 그래도 읽은 사람이 책 내용을 모두에게 들려줬어요."

한 중년 여성이 아이들 사이로 끼어든다. 범세대적 독서모임의 재미있는 점은 평소와는 다른 독서가 가능한 것이란다. 어른 책뿐 아니라 어린이 책도 많이 읽었다고. "아이들과 함께 독서모임을 할 수 있어서 정말 즐거웠어요. 아이와 어른은 관점이 다른 경우가 많아서 배운 것도 많아요. 아이들 이야기를 듣고 읽고 싶어진 책도 있어요. 어른의 감수성으로는 펼쳐 보지 않았을 책이었지만 읽기 시작하니 푹 빠졌죠. 다들 고마워."

아즈망 관장이 지금까지 카샹 도서관에서 해 온 활동을 설명해 주었다.

크로노스상의 존재를 알게 된 건 8년 전. 바로 관심이 갔지만 첫 해에는 정식으로 등록하지 않고 친한 사람들끼리 시범적으로 해 보았다. 매우 성공적이어서 둘째 해에는 초등학교와 양로원에 제안했다. 이것도 성공하여 셋째 해인 2002년, 이번에는 도서관 이용자를 모집해 범세대적 독서모임을 조직했다. 그 뒤로 매년 크로노스상 후보작 발표와 함께 참가자를 모아 독서모임을 꾸리고 있다. 멤버는 매년 바뀌지만 계속 참여하는 고정 멤버들도 있다.

독서모임의 오프닝은 해마다 다른 방식으로 열린다. 2007년도에는 10월의 '블루 위크'(고령자·퇴직자 주간)에 맞췄으며 어린이, 청소년, 어른을 합쳐 60명쯤 모였다. '나이를 뛰어넘다' '늙는다는 것은 사는 것'이라는 명칭의 두 비영리법인과 카샹 시립도서관이 공동 주최한 모임이었다. 먼저 전문 극단 '누모'의 희곡 『4월의 실』이 상연되었다. 나무 한 그루와 시간을 잣는 실이 주인공인, 시적 정취가 물씬 풍기는 이 연극은 참가자들을 제대로 사로잡았다. 뒤이어 어른과 아이가 섞여 '지나가는 시간과 죽음'이라는 주제로 이야기를 나눴다. 노인이 시설에 갇혀 있는 문제, 죽음을 금기시하는 사회 현상 등에 관한 다양한 의견이 나왔다. 토론의 마무리는 식전주 파티였다. 그리고 2주 뒤에 독서모임이 시작되었다.

"크로노스 독서모임은 4개월이라는 긴 기간 동안 진행되기 때문에 매너리즘에 빠지지 않도록 하는 것이 중요합니다." 아즈망 관장이 설명한다.

후보작 저자들은 사서들은 알지 몰라도 일반 독자에게는 생소한 작가가 많다. 초기에는 참가자들이 아직 책을 조금밖에 읽지 않은 상태라 구체적인 내용을 너무 많이 밝히지 않도록 유의한다. 그렇지만 흥미를 끌려면 어떻게든 책을 소개해야 하기 때문에 그 사이의 미묘한 균형을 늘 염두에 둔다.

회원들의 독서가 진행됨에 따라 토의 내용은 점점 상세해진다. 독서모임에서 나온 개개인의 발언은 반드시 메모한다. 도서관 회보에 실어 참가자들의 기록을 남겨 두기 위해서다.

"한 사람 한 사람의 발언을 항상 주의 깊게 듣습니

다. 회보에는 아이부터 어른까지 모든 사람의 발언을 신고요. 매우 색다른 표현 방식을 쓰는 사람도 있어서 그럴 때는 특히 주의해서 메모합니다. 대부분이 의견을 여러 번 말하기 때문에 그 사람의 생각이 가장 잘 드러나는 부분을 선택하려고 노력하지요."

카샹 시립도서관의 회보 『크로노스 — 우리의 만남』에는 크로노스상 6개 부문의 모든 작품에 관한 참가자들의 논평이 실려 있다. 편집이 매우 정성스러운데다가 회원들이 그린 일러스트도 곁들여져 있다. 한 작품을 놓고 10세, 13세, 29세, 58세, 이렇게 각기 다른 세대가 주고받은 의견도 소개되어 있다.

회보 첫머리를 장식하는 것은 열세 살 소피앙이 쓴 「인생」이라는 시다.

성장하는 것은 늙는 것, 늙는 것은 성장하는 것
시작한 것은 반드시 끝난다
누구나 언젠가는 떠난다
행복했더라도, 불행했더라도

때로 인생은 힘들다

친구와 육친이 영영 떠나간다

누군가가 갑자기 목숨을 잃기도 한다

하지만 살아나는 사람도 있다……

모든 일이 잘되는 날도 있고

무엇 하나 뜻대로 안 되는 날도 있다

한없이 계속되는 것은 아무것도 없다

모든 것에는 끝이 있다

카샹 시립도서관은 크로노스상에 참가하는 초등학교를 지원하고 있다. 2007년도에는 플렌 초등학교에서 네 학급이 참가했다. 1학년, 2학년, 3학년, 4학년 반이었다. 크로노스 경험이 풍부한 카샹 도서관에서 진행을 도왔고 담당자는 젊은 사서 모르가뉴 씨였다.

카샹 도서관의 피날레를 즐긴 다다음 날 아침, 나는 모르가뉴 씨와 함께 무스타파 선생님이 담임을 맡은 3학년 반의 여덟아홉 살 아이들 24명을 만났다. 수업 참관만 할 예정이었는데 갑자기 무스타파 선생님이 소리쳤다. "자, 유미 씨, 앞으로 나와 주세요. 친구들은 유미 씨께 뭐든지 물어보세요!" 그러면 그렇다고 예고라도 해 주지, 준비라도 했을 텐데! 당황한 나를 아이들 앞에 세워 둔 채 선생님과 모르가뉴 씨는 얼른 창가로 물러났다.

우선 자기소개부터. 하지만 이렇게 어린 아이들을 상대로 자기소개를 해 본 적은 한 번도 없다. 나는 조금 머뭇거리며 이름과 직업을 말하고 이렇게 덧붙였다. "도쿄에서 왔어요." 모르가뉴 씨가 재빨리 나서서 거들었다. "다들 도쿄가 어느 나라인지 아니?" "중국!" "아니야, 일본이야!" 아이들의 민첩한 반응 덕분에 긴장이 풀리고 마음이 편안해진다. "일본은 아주 멀어. 파리와 도쿄 사이에는 직항 비행기가 있지만 12시간이나 걸린단다." 우와! 함성이 터져 나온다. "시차는 7시간(서머타임 기준)이야. 일본이 7시간 빨라. 지금 여기가 오전 10시니까 도쿄는 몇 시일까?" 술렁이더니 여러 숫자가 튀어나온다. 시차라는 게 잘 감이 오지 않는 모양이다. 한 남자아이가 큰 소리로 말한다. "17시!" 아이들의 사근사근함에 마음이 놓인 나는 크로노스상으로 화제를 옮겼다.

이 반 아이들은 자신들이 속한 부문인 그린 후보작 5권 말고도 상급생 대상인 바이올렛 후보작과 하급생 대상인 핑크 후보작도 읽었다. 모두 합쳐서 15권. "다들 정말 열다섯 권을 읽었어?" 아이들이 일제히 대답한다. "네에!"

크로노스상에 참가해서 가장 즐거웠던 일은 뭐냐고 모두에게 물어보았다. 책을 많이 읽은 것, 도서관 수업, 평소와 다른 수업, 아빠나 엄마와 책 이야기를 한 것 등 다양한 답이 돌아왔다. "열다섯 권 가운데 어떤 책이 제일 재미있었니?" 이 질문도 모두에게 했는데, 클레르 클레망의 『룰레트』가 압도적이었다. 상급생 대상인 바이올렛 후보작에 포함된 작품이다.

3학년에게는 조금 어려운 책인데 아이들이 잘 이해했을까. 이야기의 흐름에 따라 아이들에게 질문을 던져 보았다. 룰레트는 어떤 애야? 가족은? 할아버지는 왜 아무 말도 하지 않게 되었을까? 룰레트는 할아버지를 어디로 데려갔지? 어떻게 그런 곳에서 생활할 수 있었을까, 음식은 어떻게 마련했어? 도와준 사람은 누구였더라?

아이들은 씩씩한 목소리로 차례차례 대답했다. 확실히 책을 잘 이해하고 있었다. 상급생 대상의 책이 이렇게 아이들의 마음을 사로잡을 줄은 담임선생님도 몰랐던 모양이다.

"다들 이렇게 이야기를 잘 기억하고 있다니 솔직히 좀 놀랐어요. 교사로서도 하나의 발견이었죠." 무스타파 선생님이 말했다.

크로노스상에 참가한 아이들은 2주에 한 번 도서관에서 수업을 했다. 그곳에서는 교사는 보조 역할만 하고 사서인 모르가뉴 씨가 중심이 되어 수업을 진행했다. 모르가뉴 씨는 이렇게 설명한다.

"아이들은 먼저 후보작을 읽고 이해하는 것부터 시작해야 해요. 1학년 반에서는 제가 책 일부분을 읽어 줍니다. 그리고 아이들에게 책에 어떤 인물이 등장하고 어떤 물건과 장소가 나오고 어떤 사건이 일어나는지 물어봐요. 아이들은 서로 그 사람이 나왔다는 둥 이 사람이 나왔다는 둥 신나서 이야기하지요."

1학년 반에서는 낭독할 때나 질문할 때나 책을 펼쳐 놓게 한다. 2학년 반은 책을 보여 주지 않고 두세 페이지 읽은 뒤 어떤 책인지 알아맞히게 한다. 그리고 책을 밝히지 않은 채로 인물, 물건, 장소, 사건을 아이들이 떠올리게 한다.

3~4학년 반에서는 책을 밝히지 않는 것은 물론,

낭독할 때 등장인물의 이름이나 나오는 지명을 바꾸어 말하고 어떤 책인지 알아맞히게 한다. 수수께끼 풀이 놀이 같아서 아이들은 매우 재미있어한다. 어떤 책인지 맞히면 마찬가지로 인물, 물건, 장소, 사건……을 차례차례 알아맞혀 본다.

모르가뉴 씨는 아이들이 말한 인물, 물건, 장소, 사건을 하나하나 꼼꼼히 메모해 둔다. 나중에 활용하기 위해서다.

아이들은 2월 말에 크로노스상 투표를 마치지만, 그동안의 독서 경험을 어떤 형태로 표현할지는 사서의 창의력에 달렸다. 모르가뉴 씨는 부문별 모든 작품의 인물명을 적은 메모를 접어 제비를 만들고 전부 섞어 모자 속에 넣었다. 물건, 장소, 사건도 마찬가지로 만들어 총 네 개의 모자를 준비했다.

아이들은 인물과 물건 모자에서 각각 4개씩, 장소에서는 2개씩, 사건에서는 8개씩 제비를 뽑는다. 그리고 거기에 적힌 단어를 써서 스스로 이야기를 창작한다. 어떤 이야기를 만들어도 상관없지만 제비로 뽑은 모든 단어를 빠짐없이 사용해야 한다. 1, 2, 4학년은 학급 전원이 힘을 합쳐 하나의 이야기를 만들어 냈다. 무스타파 선생님이 맡은 3학년 반만 4개 그룹으로 나뉘어 각각 하나씩 이야기를 만들었다.

이렇게 완성된 이야기는 여름방학이 시작되기 전날인 6월 30일 토요일에 도서관 홀에서 아이들이 직접 출연하는 연극 형태로 발표되었다.

도서관 회보에는 아이들이 창작한 이야기도 실려 있다. 굳이 말하면 저학년 아이들의 상상력이 풍부한 것 같다. 초등학교 2학년 반에서 「릴리는 기억한다」라는 제목으로 이런 이야기를 만들었다.

옛날 옛적에 릴리가 열세 번째 생일을 맞았을 때였다. 아빠가 생일 축하 케이크와 선물을 사 왔다. 선물은 새 책가방과 인형이었다. 릴리는 매우 기뻤다. 그런데 그날 밤 눈이 내리기 시작했다.

다음 날 릴리는 새 책가방을 메고 학교에 갔다. 그런데 집에 돌아오는 길에 눈길에서 미끄러져 넘어지는 바람에 다리가 부러져 병원에 실려 갔다. 많이 다쳐서 휠체어를 타야 했다. 릴리는 너무 불안했지만 해 질 무렵 하늘에 뜬 푸른 별을 발견하고 제발 다리가 낫게 해 달라고 빌었다. 다음 날 아침이 되자 릴리는 더 이상 휠체어가 필요하지 않았다.

지금은 할머니가 된 릴리가 생일을 앞두고 있다. 곧 휠체어를 타고 생활하게 될 거라고 어제 의사가 말했다. 하지만 릴리는 조금도 걱정하지 않는다. 열세 살 때의 일을 기억하기 때문이다. 해 질 무렵이 되면 다시 푸른 별에게 빌어야지, 릴리는 생각한다.

크로노스 문학상의 성공 비결은 노년의 재평가라는 문제의식이 세대를 뛰어넘는 주제로 발전했다는 것이었다.

파리독서센터가 크로노스상과 파트너십을 맺었다는 사실은 이미 언급했지만, 거기에는 '독서 장려'라는 공통의 목적을 넘어서는 무언가가 느껴진다. 파리독서센터의 독서액션은 늘 학년이라는 틀을 깨고 이루어진다. 그야말로 세대를 뛰어넘는다는 발상이다. 노년학재단, 파리독서센터, 언뜻 봐서는 연고도 관계도 없는 이 두 조직이 크로노스라는 범세대적 문학상을 둘러싸고 접점을 찾은 것이다.

파리독서센터는 조사학습 프로젝트를 진행하기도 한다. 로베르 칼롱 소장은 이렇게 말했다. "어떤 물음이

건 반드시 어떤 대답을 얻을 수 있습니다. 하지만 최종적인 대답은 있을 수 없어요. 오늘 최종적인 해답을 찾았다고 생각해도 내일이면 그와 모순되는 사실이 나오기 마련이죠. 우리는 아이들이 그런 것을 이해하기 바랍니다." 카샹 시립도서관의 회보 『크로노스 — 우리의 만남』에 실려 있던 열세 살 소피앙의 시에서 "한없이 계속되는 것은 아무것도 없다/ 모든 것에는 끝이 있다"라는 구절을 보는 순간, 왠지 칼롱 소장이 했던 말이 떠올랐다.

6장

동네 서점 파워 — 앵코륍티블상

앵코륍티블상은 아이들이 심사위원인 문학상으로는 최대 규모를 자랑한다.

2007년에 참가한 단체는 3200개, 총 참가자 수는 15만 2437명이었다. 중소 서점들이 협력해서 세운 비영리법인이 주최한다. 프낙이라는 대형 체인서점이 후원하는 고등학생 공쿠르상과는 좋은 대조를 이룬다.

'앵코륍티블'은 '매수되지 않는' '청렴' 등을 뜻하는 말인데 여기서는 '어른의 의견에 휘둘리지 않는다'는 뜻이 담겨 있다. 아이들이 스스로 작품을 평가하고 투표한다는 기본 정신을 표현한다.

이 상의 로고는 파란색과 노란색 모자와 머플러를 걸치고 책을 한 손에 든 채 빨간 자전거 페달을 밟고 있는 남자아이다. 짐받이에는 붉은 개가 오도카니 앉아 있다. 심사위원으로 참가하는 어린이와 청소년에게 나눠 주는 안내서에는 이 귀여운 로고와 함께 앵코립티블 헌장이 적혀 있고, 심사위원들은 그 옆에 서명을 한다. 다음과 같은 헌장이다.

나는 앵코립티블.
심사 기간 동안 후보작을 읽을 것을 약속합니다.
책을 읽고 나 자신의 견해를 갖겠습니다.
투표에 참여하여 적극적으로 의사 표시할 것을 약속합니다.

참가자는 유치원생부터 고등학교 1학년까지, 다음 7개 부문으로 나뉜다.

유치원생
초등학교 1학년
초등학교 2학년

초등학교 3~4학년

초등학교 5학년~중학교 1학년

중학교 2~3학년

중학교 4학년~고등학교 1학년

　부문별로 5~6편이 후보작에 오르며 그것이 곧 참가자들의 심사 대상이다. 크로노스상 같은 범세대적 성격은 없다. 어른들에게도 투표가 권장되지만 어디까지나 참고를 위한 것이고, 어른들이 던진 표는 수상작 결정 집계에는 포함되지 않는다.

　참가단체는 유치원, 초·중·고등학교, 공공도서관, 독서 관련 비영리법인, 문화센터 등이다. 학교의 경우에는 학급 단위일 수도 있고 독서클럽 형태로 참가하기도 한다. 코디네이터 역할을 하는 건 유치원이나 초등학교 저학년의 경우 선생님이지만, 중·고등학교에서 적극적으로 나서는 이는 사서교사가 압도적이다. 중고등학교 참가단체의 85퍼센트가 사서교사가 주도해서 만든 독서클럽이다.

　고등학생 공쿠르상, 크로노스상, 앵코륍티블상, 이 세 가지 문학 이벤트 중에서 사서와 사서교사의 존재가 특히 두드러지는 것이 앵코륍티블상이다.

크로노스상은 주제가 정해진 문학상이라서 프랑스에서 출간되는 모든 작품이 후보작에 오를 수 있다. 반면 앵코륍티블상은 주제에 제약은 없지만 기본적으로 이 상의 파트너가 되기로 한 출판사가 제안하는 작품이 후보에 오른다. 물론 어린이·청소년책을 펴내는 출판사여야 하며, 2008년 현재 파트너 출판사는 총 24곳으로 갈리마르, 나탕 같은 대형 출판사도 있지만 잘 알려지지 않은 소형 출판사도 있다.

크로노스상과 마찬가지로 번역서라도 상관없다. 참고로 2007년도에 초등학교 5학년~중학교 1학년 부문에서 압도적 인기를 끌며 수상한 작품은 영국 작가 케이트 손더스의 『고양이와 스팅크워터 전쟁』이었다. 일본어로도 자주 번역되는 어린이책 작가다.

후보작 전형위원회는 부문별로 조직된다. 전형위원이 될 자격이 있는 사람은 아이들을 접하는 일에 종사하는 사람이나 어린이·청소년책 전문가, 즉 교원, 사서, 사서교사, 애니메이터, 서점 아동서 담당자 등이다.

이제 15만 명이 넘는 어린이와 청소년이 참가하는 전국적인 문학 이벤트가 된 앵코륍티블상은 고등학생 공쿠르상이나 크로노스상과 마찬가지로 출발점은 아주 작은 시도였다. 정부나 지자체의 정책이 아니라 개인의 주도로 시작된 지역 이벤트였던 것이다.

앵코륍티블상의 발상지는 프랑스 남부 엑상프로방스로 인구 약 14만 명의 도시다. 당시 이곳에서 '글라르'라는 서점을 운영하던 시드네 아비브가 아이들과 책이 만나는 기회를 넓히기 위해 아이들이 뽑는 문학상을 만들어야겠다고 생각했다. 이 아이디어에 몽펠리에 시의 쉬랑프 서점, 낭트 시의 쿠아파르 서점, 스트라스브루 시의 클레베르 서점이 동참했고, 나중에 앙제 시의 콘택트 서점도 가세했다.

창설은 1988년, 공교롭게도 고등학생 공쿠르상이 시작된 해다. 설립 이후 줄곧 시드네 아비브가 회장을 맡고 있다. 또한 초창기부터 든든한 지원군도 있었으니, 바로 저명한 작가 프랑수아즈 크세나키스다. 그녀는 독서 교육에 적극적으로 나서고 있으며 신문과 TV에서 평론가로도 활약 중이다. 또 설립 이후로 비영리법인 '앵코륍티블상'의 명예회장을 맡아 왔다.

앵코륍티블이라는 이름을 붙인 사람도 프랑수아즈 크세나키스다. 어느 날 그녀가 아이들에게 책 이야기를 하고 있는데 아이들이 제멋대로 자기 생각을 말하기 시작해 도저히 통제가 되지 않았다. "진짜 말 안 듣는(앵코립티블) 애들이야!" 그렇게 말하고 나니 아, 이 말이 좋겠다! 싶었다. 한 권의 책을 놓고 활기차게 왁자지껄 의견을 주고받는 아이들의 분위기를 잘 드러내는 데다 유머도 느껴졌다.

처음 3년간은 지역 문학상인 데다 참가자도 몇백 명 정도였다. 이렇다 할 자금줄도 없어 비영리법인 운영은 모두 자원봉사로 이루어졌다. "19년 전에 이 상을 창설했을 때만 해도 이렇게 확산될 줄은 꿈에도 몰랐어요. 참가자는 지금도 해마다 늘어나고 있답니다." 2007년에 파리의 과학산업시티 대강당에서 열린 시상식에서 시드네 아비브가 감회에 젖어 말했다. 외국 단체들도 심사에 참가한다. 2007년에는 핀란드, 베네수엘라, 멕시코, 스페인, 튀르키예, 루마니아, 영국, 콜롬비아 등 8개국에서 참가했다.

전국 규모 문학 이벤트가 된 건 넷째 해부터인데, 독서 정보지 『파주*』에서 앵코립티블상을 다루면서 교사와 사서에게 알려졌기 때문이다. 가상세계가 지배하는 현대에서 아이들이 직접 책을 잡는 건 매우 중요한

---

* '페이지'를 뜻하는 프랑스어. — 역자 주

일이다. 더구나 앵코륍티블상 후보작으로 제안되는 책은 평소 아이들이 접하는 책과는 다르다. 아이들에게 새로운 작품을 만날 수 있는 기회이기도 하다. 그런 점이 교사와 사서의 관심을 끌었다.

『파주』는 프랑스의 서점 300여 곳에서 협력해 펴내는 잡지다. 창간은 앵코륍티블상의 시작과 같은 1988년. 『파주』는 독립서점의 파트너십이라는 명확한 방침을 관철하고 있으며, 협력 서점은 모두 중소 규모로 전국에 체인점을 확장하는 프낙 같은 초대형 서점은 포함되지 않는다. 『파주』는 1년에 10호씩 발간되며 서점 직원과 사서를 합쳐 1천 명가량이 추천하는 다양한 장르의 작품을 소개한다.

이 독서 정보지는 1년에 두 번 교육 특집호를 발행하는데, 특집호에서 앵코륍티블상에 상당한 지면을 할애한다. 비영리법인 앵코륍티블상의 회장 시드네 아비브는 2008년 현재 『파주』의 사장이기도 하다.

프랑스어로 글자를 못 읽는 것을 '아나르파베티즘', 글자와 단어는 읽을 수 있지만 글을 못 읽는 것을 '일레트리즘'이라고 한다. 일레트리즘은 프랑스의 사회문제로 종종 미디어의 논쟁거리가 된다.

비영리법인 앵코륍티블상은 일레트리즘을 방지하고 없애는 데 공헌하는 단체로서 청소년·스포츠부와 교육부의 인가를 받았다. 실제로 '교육우선지구'로 불리는 학력이 낮은 지역에서 이 상은 종종 큰 역할을 한다. 프랑스 북부의 랑 시에서 앵코륍티블상의 코디네이터로 일한 브리지트 푸르니에 튀르캉은 『파주』 2007년 4월호에 이런 글을 실었다.

"교육우선지구에서 앵코륍티블상은 매우 중요한 교육적 성격을 띤다. 이 문학 경연대회는 어려운 사회 계층의 아이들을 책의 세계로 인도한다. 교육우선지구 아이들과 다른 아이들이 함께 참가하는 프로젝트인 만큼 문화적으로나 인간적으로나 풍부한 교류가 생겨난다."

앵코륍티블상은 여러 기관에서 보조금을 받기에 이르렀다. 가장 큰 재원은 국립서적센터, 공제은행독서재단, 문화부 세 곳이다. 프랑스 남부에서 시작된 이벤트지만 현재 본부는 파리에 있다.

전국 코디네이터 잔 루소 씨에게 묻다

비영리법인 앵코륍티블상 사무국으로 전국 코디네이터 잔 루소 씨를 만나러 갔다.

지하철 오데옹 역 근처에 있는 사무실은 매우 바쁘고 활기찼다. 책장과 책상, 서류 더미로 발 디딜 틈 없고, 수화기를 들고 말하는 사람, 컴퓨터 자판을 열심히 두드리는 사람, 분주하게 서류를 넘기는 사람 들로 가득한 모습이었다. 비영리법인에 이렇게 많은 사람이 일하고 있다니 놀라웠다. 잔 루소 씨가 웃으며 말했다. "우리는 『파주』 편집부와 공간을 함께 쓰고 있어요. 여기 있는 사람들은 다 편집자고 앵코륍티블상 사무국 직원은 나 포함 세 명뿐이죠."

잔 루소 씨는 근처 조용한 카페로 나를 데려갔다. 날씬한 몸매에 청바지와 청재킷이 너무 잘 어울려 처음엔 20대인 줄 알았다. 하지만 야무지게 일을 처리할 때 표정에서 보이는 모종의 자신감이나 침착하고 설득력 있는 말투로 보아, 상당한 업무 경험을 쌓아 온 것이 틀림없었다.

앵코륍티블상이 아이들을 매료시키는 이유는 무엇

인지 물어보았다.

"여러 요소가 있겠지만, 전국 규모의 심사에 나도 참여하고 있다는 의식일 거예요. 프랑스 어디에 살든 똑같이 한 표씩 공유하며, 전국적으로 결정하는 일에 자신도 발언권을 갖고 있다는 사실이요. 외국에서도 참가하고 있어서 루마니아나 콜롬비아에 사는 아이들이 자신과 같은 책을 읽고 있다는 사실도 호기심을 자극하고요."

인터넷 포럼은 아이들에게 매우 반응이 좋다. 그곳에선 다른 지역, 다른 학교 아이들과 토의할 수 있다. 특히 중학생은 어른보다 컴퓨터에 익숙한 만큼 멀리 떨어진 지역의 본 적도 없는 아이들과 인터넷으로 벌이는 토의를 퍽 좋아한다. 프랑스 북단 릴에 사는 아이와 남단 몽펠리에에 사는 아이가 대화를 나눈다. 어떤 책이 좋았어? 이 책 일러스트 어떤 것 같아? 이런 단순한 의견 교환부터 심도 있는 논의까지 펼쳐진다.

잔 루소 씨는 원래 법률 전공으로 커뮤니케이션 전문가였지만, 업무상 알게 된 사람의 소개로 시드네 아비브를 만났고 전국 코디네이터 자리를 제안받았다.

"상의 규모가 커지면서 커뮤니케이션 전문가가 필

요해졌던 것 같아요. 제 일은 상과 관련된 모든 기관이나 사람들과 접촉하는 일이에요. 서점, 주의회, 참가하는 아이들의 선생님과 사서, 후보작 전형위원……. 파트너가 될 사람들을 찾아 조율하기 위해 전국을 뛰어다닙니다."

매년 파리 과학산업시티에서 열리는 수상작 발표회에는 600명이 넘는 아이들이 참석하는데 이는 15만 명의 참가자 중 극히 일부에 지나지 않는다. 각 단체에서 어린이 두 명과 어른 한 명이 참여할 수 있지만 파리에서 먼 곳에 사는 아이들은 사실상 참가가 불가능하다. 최대한 많은 아이들이 피날레 행사를 즐길 수 있도록 잔 루소 씨는 각 지방에서 독자적인 대회를 열도록 독려하고 그에 필요한 자금을 조달하는 방법을 조언한다. 자금줄이 될 파트너를 찾는 일도 돕는다.

참가를 희망하는 교사나 사서의 질문에 답변하는 것도 그녀 몫이다. 아이들이 읽을 후보작을 살 보조금을 받고 싶은데 어디로 가서 누구와 협상하면 되느냐? 흔한 질문이다. 금전적 여유가 있는 학교라면 학교 측에서 비용을 부담하지만 그렇지 않은 경우에는 중학생이면 주 의회에서, 초등학생이면 지자체에서 보조금을 받을 수 있다. 학생 개인의 금전적 부담은 일절 없다.

잔 루소 씨의 또 다른 큰 역할은 후보작 전형위원을 맡을 사람을 물색하는 것이다. 아까도 언급했지만 전형위원이 될 자격이 있는 건 아이들이나 어린이·청소년책을 접하는 직업에 종사하는 사람들이다. 후보작은 7개 부문으로 나뉘고 전형위원은 부문별로 꾸려진다. 모든 부문에서 전국적으로 분산된 여러 개의 위원회를 만든다는 게 앙코륍티블상의 방침이다.

"프랑스 여기저기로 출장을 다니는데 그곳에서 특히 열정적인 사서를 만나거나 하면 전형위원회 코디네이터를 해 보지 않겠느냐고 제안합니다. 승낙을 받으면 같은 지역 선생님과 사서들을 모아 전형위원회를 결성시키죠. 올해는 25개가 생겼어요. 30개든 40개든 만들고 싶어요." 잔 루소 씨는 눈을 반짝인다.

'주립교육학자료센터'라는 이름으로 불리는 이른바 교원 대상 도서관이 각 주에 있는데, 그곳 사서들이 종종 전형위원회 코디네이터로서 중심 역할을 한다.

예를 들어 2007년 프랑스 북부의 마른 주에서 교원 대상 도서관 아동문학 부문 책임자 프랑수아즈 우당이 초등학교 2학년 부문 후보작 전형위원회를 결성했다. 그녀에게는 첫 시도라 조금 불안하긴 했지만 상상 이상으로 잘 풀렸다.

직업상 아동문학과 관련된 사람들을 접할 기회가 많았던 그녀는 일로 만난 사람들에게 모조리 편지를 보내 전형위원을 해 보지 않겠느냐고 권유했다. 예상 외로 긍정적인 반응이 많았다. 대다수가 꼭 위원을 맡고 싶다고 답해 왔다. 그리하여 24명으로 구성된 위원회가 결성되었다. 그녀는 위원회에 되도록 다양한 멤버가 모이길 바랐는데 그 뜻도 이루어졌다. 현역 교원, 은퇴 교원, 서점 직원, 도서관 사서, 사서교사, 학부모회 회원, 복지시설 교사, 교원양성대학 학생…… 실로 다채로운 면면이 한데 모인 위원회가 만들어졌다.

아이들을 심사위원으로 하는 앵코륍티블상은 어린이·청소년책과 관련된 어른들의 유대를 형성하는 데에도 기여하고 있다.

모든 후보작 전형위원은 저마다 작품을 30편쯤 읽어야 하므로 위원들 사이에 책이 잘 회전되어야 한다. 지자체 도서관만으로는 충분한 책을 준비할 수 없는 경우가 많기에 주립도서관의 협력이 필수적이다. 프랑스의 주립도서관은 자료 구입비가 한정된 작은 지자체 도서관에 대출을 해 주는 역할을 하며, 이 덕분에 위원들 사이에 순조롭게 책이 회전되곤 한다.

학교를 거점으로 책 보관소를 만드는 방법을 쓰는 위원회도 있다. 한 작품을 다 읽을 때마다 학교 보관소에 갖다 놓고 또 다른 작품을 빌리는 식으로 책을 회전시키는 것이다.

전형의 기준은 내용, 주제, 문체, 일러스트 등 다면적이다. 유명 작가가 선정되기도 하지만 가능하면 잘 알려지지 않은 작가를 뽑자는 게 일반적인 공감대인 듯하다. 평소에는 보지 못한 저자와 출판사를 아이들이 발견하게 하는 것도 앵코립티블상의 한 가지 목적이다.

2007년도에 25개의 전형위원회가 조직되었으니 한 부문당 서너 개의 위원회가 있는 셈이다. 위원들은 3개월에 걸쳐 출판사가 제안한 작품을 읽고 각각의 평가에 관해 논의한다. 마지막으로 위원 개개인이 각 작품의 평점을 카드에 쓴다. 모든 카드는 코디네이터인 잔 루소 씨 앞으로 모여 부문별로 평점이 집계되고 점수가 높은 순으로 대여섯 편이 후보에 오른다.

그런 빡빡한 스케줄을 소화하는 것이 전국 코디네이터의 몫인 듯했다. 휴가는 제때제때 받고 있는 걸까?

잔 루소 씨는 빙그레 웃었다.

"비영리법인의 근로 조건은 여느 회사와 똑같아서 잔업을 포함해 주 39시간 근무예요. 급여나 유급휴가도 기업에서 일하는 사람들과 다르지 않습니다. 다만 근무시간 중의 업무량이 보통 기업보다 많은 건 확실해요. 하지만 일은 좀 많다 싶은 정도가 보람차고 재미있죠!"

수상작 발표까지의 스케줄

해마다 조금 다르지만 앵코륍티블상은 대략 다음과 같은 흐름으로 진행된다.

우선 파트너 출판사에서 부문별로 문학 작품을 제안한다. 그러면 비영리법인 앵코륍티블상에서는 그중 너무 비싸거나 너무 큰 책을 뺀다. 작품의 질이라는 기준으로 작품을 제외하는 일은 드물다. 이렇게 만들어진 부문별 작품 목록이 전형위원회에 전달된다.

위원들이 보내온 평점을 집계해 각 부문의 후보작이 정해지는 것이 4월이고, 이들 후보작 목록은 하나하나의 작품 소개와 함께 『파주』와 인터넷상에 발표된다. 학교와 도서관은 후보작들을 검토한 뒤 참가 여부를 결정한다. 신청은 대개 4~6월 중에 이루어지는데 여름방학이 끝나고 9월에 새 학기가 시작된 후 신청하는 단체도 있다.

10월 초, 참가단체에 책이 도착하고 아이들의 독서가 시작된다. 아이들은 앵코륍티블 헌장에 서명한다.

새해가 밝는 1월부터 어린이 심사위원들과 후보작 저자들의 만남이 이루어진다. 저자에게 연락해 일정을 조율하는 것은 주최자 비영리법인의 역할이다. 저자들은 '아동문학 작가·일러스트레이터 헌장'에 따라 활동비를 지급받는데 유명 작가든 무명작가든 액수는 똑같다(하루에 361유로, 반일이면 219유로, 교통비 및 숙박비 별도). 비용 분담을 같은 지역의 여러 참가단체가 공동으로 저자와의 만남을 추진하는 경우가 많다.

5월부터 투표가 시작된다. 참가하는 아이들은 모두 동등하게 한 표를 행사한다. 표를 던지는 건 스스로의 선택과 확신을 표명하는 가장 효과적인 방법이므로 투표는 중요한 이벤트로 기획된다.

프랑스 북부의 랑 시에서는 앵코륍티블상에 참가

하는 아이들을 위해 투표 장소를 마련하고, 실제 선거에 사용될 법한 투표함을 설치한다.

남서부 도르도뉴 주에서는 300명가량의 참가 중학생을 위해 행사장을 준비하고 컴퓨터 투표 시스템을 도입했으며, 공식적인 성격을 부여하고자 주 의원과 문화담당국장이 선거관리위원을 맡았다. 먼저 150명이 투표하고 그동안 나머지 150명은 단편영화를 보고, 그 다음엔 서로 자리를 바꾸었다. 개표하고 집계하는 동안에는 모두 모여 전문 이야기꾼의 이야기 공연을 관람했다. 마지막으로 투표 결과가 발표되고 참가 학생 전원이 책 선물을 받았다.

투표 시기는 단체와 지역에 따라 다르지만 대개 5월 15일쯤 마무리되고, 그 이후에는 모든 투표함이 봉인된다.

다음으로 각 지역에서 피날레가 열리고 그 지역의 표 집계 결과가 발표된다.

그리고 5월 말이나 6월 초, 파리 과학산업시티에서 열리는 대회에서 전국 집계 결과와 함께 수상 작품이 발표된다.

모든 것이 끝나면 다음번에 참고하기 위해 비영리

법인에서는 참가단체를 대상으로 전화 설문조사를 실시한다. 이 작업을 위해 임시 아르바이트생 몇 명이 고용된다.

독서 아니마시온

참가자 중에는 평소부터 독서가 친숙한 아이도 있지만 책 읽는 습관이 거의 없는 아이도 있다. 교사와 사서는 아이들이 읽는 기쁨을 발견하고 작품을 더 잘 이해하도록 돕고자 여러 가지 방법을 고안하는데, 이런 독서 장려 방법을 '아니마시온'이라고 부른다. 가령 저자와의 만남은 무척 효과적인 아니마시온이다. 저자를 만난다고 하면 아이들은 최선을 다해 질문을 준비하기 때문에 그만큼 독서에 집중력이 생긴다.

어떤 식으로 아니마시온을 추진할 것인가, 거기에서 사서와 사서교사의 개성과 독창성이 발휘된다. 아이들의 연령이나 성향, 사회 환경에 따라서도 달라지기 때문에 모든 곳에서 통용되는 방식은 아니지만, 지금까지 참가자들이 시도한 아니마시온 사례들이 2006년 비영리단체에서 발간한 팸플릿에 소개되어 있다. 작품 자체를 둘러싼 아니마시온과 파트너십을 통한 아니마시온 두 가지로 나뉜다.

작품을 둘러싼 아니마시온에는 '만들기' '작문 아틀리에' '게임' '체험' 네 가지 방법이 있다. 각각 몇 가지 예를 살펴보자.

만들기

- 후보작을 소재로 삼아 포스터, 책갈피, 그림엽서를 만든다.
- 후보작 각 등장인물의 이름, 성별, 연령, 특징 등을 쓴 ID카드를 만든다.
- 독서 일지를 쓴다.
- 작품의 표지(북 디자인)를 아이들 손으로 다시 만든다(미술 선생님이 도와준다).
- 도서실에 기념 노트를 두고 한 권 다 읽을 때마다 각자 메모를 남긴다.
- 저학년: 후보작 등장인물을 모델로 하여 인형극 인형을 만든다.

- 고학년: 작품의 인물상에 관한 기술을 바탕으로 그 인물의 초상화를 그린다.
- 후보작의 스토리를 만화 형태로 바꿔 쓴다.

작문 아틀리에

- 후보작의 한 부분에서 출발해 새로운 스토리를 만들어 낸다.
- 후보작이 다루는 주제를 놓고 모두 힘을 합쳐 이야기를 창작한다.
- 후보작 소개, 저자나 독자 인터뷰 기사를 담은 신문을 만든다.
- 저학년: 그림책의 글을 가리고 일러스트만 보면서 아이들 스스로 이야기를 쓴다.
- 고학년: 교사(또는 사서)가 작품 첫머리를 읽은 뒤 스톱워치로 재서 10분 안에 학생이 다음에 올 내용을 창작한다.

게임

- 학급 또는 학교 대항으로 서로 후보작에 관한 문제를 내고 누가 잘 맞히는지 겨룬다.

- 작품을 주제로 한 일러스트 콘테스트를 연다.
- ABC 게임: 알파벳 한 글자가 주어지면 그 글자로 시작하는 말에서 출발해 후보작의 한 구절을 말한다.
- 아이들 손으로 후보작을 소재로 한 보드게임을 만든다.
- 누가 누구야?: 각 아이가 후보작 등장인물 중 한 사람이 된다. 그 이름이 적힌 포스트잇을 이마에 붙이는데 본인은 그 이름을 볼 수 없다. 서로 질문하며 자신이 누구인지 알아맞힌다.

체험

- 앵코립티블상에 참여하지 않는 학급에 가서 자신들이 읽고 있는 후보작을 소개한다. 특히 고학년 아이들은 저학년 반에서 낭독을 한다.
- 후보작을 소재로 손수 만든 물건이나 작문, 일러스트 등의 전시회를 연다.
- 다른 학급과 토론을 벌인다.
- 문학 소송: 모의 법정을 만들어 후보작 인물에 관해 재판을 연다.

- 후보작에 관한 문예 방송 프로그램을 제작한다.

파트너십을 통한 아니마시온은 아이들이 서점이나 도서관에 가서 진행한다.

서점 방문
- 웹사이트에서 자신들이 사는 지역에서 앵코립티블상 파트너 서점을 찾는다.
- 서점 직원에게 책을 파는 직업에 관해 이야기를 듣는다.
- 후보작과 저자에 관한 설명을 듣는다.

도서관 방문
- 도서관을 견학한다.
- 사서라는 직업에 관해 이야기를 듣는다.

다른 학교와의 교류
- 인터넷을 통해 다른 학교와 의견을 교환한다.

여기에 소개한 아니마시온은 일부 사례일 뿐, 참

가단체의 교사와 사서는 그때그때 아이디어를 내어 매번 다양한 시도를 한다. 올해 잘 진행되었다고 해서 이듬해 새로운 학생들과 했을 때 잘되리란 보장은 없기에 아니마시온은 항상 유동적이다. 하지만 어떤 아니마시온이건 독서에 대한 잠재적 흥미를 이끌어 내고 독서의 기쁨을 공유하는 장을 만든다는 기본적인 목적은 똑같다.

수상작 발표회

전국 코디네이터 잔 루소 씨로부터 2007년도 앵코륍티블상 수상작 발표회 초대장이 도착했다.

제18회 앵코륍티블상 전국 대회

프랑스 전역에서
유치원생부터 고등학교 1학년까지
15만 명이 넘는 어린 독자들이
제18회 앵코륍티블상의

후보 작품 40편을 독파했습니다.

출판사, 교사, 도서관 사서, 사서교사 등
여러 파트너의 협조와 함께 책을 읽었고
그 결과 발표와 함께 마른침을 삼키는 순간이 다가옵
니다!

2007년 5월 30일 수요일 15시 30분
파리 19구 과학산업시티 홀
지하철 포르트 드 라 빌레트 역 하차

앵코륍티블상 수상작 발표 장소인 파리 과학산업
시티는 놀이기구와 전시회장, 회의실, 과학도서관, 어린
이를 위한 과학 게임실 등을 갖춘 종합 과학박물관이다.
수요일인 이날은 학교가 쉬는 날이라 아이들은 아
침부터 과학산업시티로 모여들었다. 어린이들에게는
얼추 소풍이다. 오전에 학년별로 후보작 저자들과 대화
하는 시간을 갖고 나서 시티 내 식당에서 다 함께 점심
을 먹었다. 오후에 드디어 피날레인 수상작 발표 시간
이 왔다. 아이들로 꽉 찬 대강당은 형형색색 옷, 떠들썩

한 수다와 웃음소리로 한껏 즐거운 분위기다. 전국 코디네이터 잔 루소 씨가 무대에 오른다. 여느 때와 같은 청바지에 청재킷 차림이다. "모두 자리에 앉았나요? 여러분, 안녕하세요!"

"안녕하세요!" 활기찬 목소리가 돌아온다.

"모여 주신 많은 어린이 여러분과 선생님들, 모두 감사합니다. 마음껏 즐겨 주세요. 지금부터 제18회 앵코립티블상 수상작을 발표할 텐데 먼저 숫자를 몇 개 소개하죠. 올해 참가단체는 학교, 도서관, 문화센터 등 총 3200곳, 총 참가자 수는 15만 2437명이었습니다!"

우와, 하는 환성과 함께 큰 박수가 터져 나온다.

"성인 투표자는 3천 명이었습니다. 성인의 표수는 어린이 표수와는 별도로 집계됩니다. 투표해 주신 여러분, 감사합니다!"

앵코립티블상에는 '마렌'(대모) 또는 '파랭'(대부)이라 불리는 동반자가 있다. 이 상의 상징적 존재로서 매년 바뀐다. 2007년의 대모는 어린이책 작가 겸 일러스트레이터이자 교원이기도 한 마르틴 들레름이었다.

드디어 수상작을 발표하는 시간. 마르틴 들레름이 비영리법인 회장 시드네 아비브와 함께 무대에 섰다.

먼저 유치원 부문이다. 백스크린에 다섯 편의 후보 작품이 뜨고 시드네 아비브가 제목을 읽는다. "수상작은……." 유치원생으로 보이는 남자아이가 아장아장 무대로 올라온다. 결과가 담긴 봉투와 가위를 건네받은 아이는 서투른 손놀림으로 봉투를 잘라 종이 한 장을 꺼낸다. "뭐라고 쓰여 있나요?" 많은 사람 앞이라 긴장했는지 목소리가 들리지 않는다. "종이를 펼쳐서 모두에게 보여 주세요!" 아이는 수상작 컬러 사진이 프린트된 종이를 양손으로 높이 쳐든다. 시드네 아비브가 대신 읽는다. "롭 스코튼의 『잘 자렴, 러셀』!" 행사장 한복판에 모여 앉은 아이들이 환호성을 지른다. "번역서라 저자는 영국에 살고 있어요. 유감스럽게도 행사장에선 볼 수 없겠네요." 『잘 자렴, 러셀』은 일본어로도 번역되어 인기를 끄는 그림책이다.

다음은 초등학교 1학년 부문. 마르틴 들레름이 후보작을 읽고, 여자아이가 무대에 올라 봉투를 뜯는다. 이번에는 아이가 야무진 목소리로 수상작을 발표한다. "디디에 레비의 『소원을 들어주는 요정 꼬끼에뜨』!" 큰 박수와 함께 수상 작가가 무대로 나와 인사한다.

이어 2학년 부문, 3~4학년 부문……, 시드네 아비

브와 마르틴 들레름이 번갈아 가며 발표하고 무대에 오르는 아이의 키가 커질수록 수상작 발표 순간의 박수와 환호성도 커져 간다. 마지막 중학교 4학년~고등학교 1학년 부문 수상작 발표자는 시드네 아비브와 어깨를 나란히 할 정도로 키가 큰 여학생이다. 박수가 그치고 순간적으로 조용해졌을 때, 행사장 한구석에서 "브라보" 하는 걸걸한 목소리가 터져 나와 한바탕 웃음이 인다.

수상작 7편 중 2편은 번역서였다. 성인 투표 결과도 발표되었는데 4편은 아이들이 뽑은 책과 일치했고 나머지 3편은 다른 작품이었다.

마지막으로 행사장에 와 있던 후보작 작가 전원이 무대에 오르고 시상식은 막을 내렸다. 다음으로는 빠질 수 없는 사인회. 저자 대부분이 사인과 함께 귀여운 일러스트를 그려 주기 때문에 홀 입구에 놓인 테이블에 저자들이 앉자마자 아이들이 우르르 몰려들며 순식간에 긴 줄이 생겨났다.

수상작 발표회에 앞서 관계자들이 모이는 자리가 있었다.

　전형위원을 맡은 사서와 교원, 후보작 저자, 장학관, 주 의원 등과 함께 비영리법인 앵코륍티블상의 파트너 단체 사람들이 참석했다. 학부모회연합, 공제은행 독서재단, 교육동맹 모두 오래전부터 존재하는 단체다.

　학부모회연합은 제2차 세계대전이 끝나고 얼마 지나지 않은 1947년에 설립되었다. '자유와 연대, 비종교, 평등'이라는 공화제의 기본 가치관을 내걸고 활동해 왔으며, "일레트리즘을 없애자"를 표어로 독서 장려 운동도 펼쳐 왔다. 공익법인으로 인가받은 단체로 회원 수는 35만 명이다. "독서는 기쁨을 나누는 시간이 될 수 있습니다. 그것은 학교 수업시간에만 한정된 일이 아닙니다. 부모들과도 직접 관련된 문제입니다. 중개자로서 부모가 해야 할 역할은 매우 크다고 생각합니다." 회원 한 명이 이렇게 발언했다.

　교육동맹은 더 오래된 단체로 1866년에 창설되었다. 사실 '교육동맹'이라는 이름을 들었을 때 조금 놀랐다. 19세기 말 프랑스에서는 특권층의 전유물이었던 문화를 서민과 나누고 자립적인 시민을 양성하기 위해 민중교육 운동이 확산되었다. 이 운동을 담당한 단체 중 하나가 교육동맹이었다. 역사책에 나오는 명칭을 이런 곳에서 듣다니, 교육동맹은 민중교육과 관련된 약 3만 개 비영리법인의 네트워크로서 지금도 엄연히 존재하고 있었다. 참고로 학부모회연합도 민중교육 관련 활동을 해 온 단체다.

민중교육이라는 단어 자체는 이미 낡은 표현으로 일반인은 잘 쓰지 않는다. 하지만 자립적인 시민을 키운다는 목적은 지극히 현대적인 이벤트인 앵코뤼티블상으로도 이어지고 있다. 과연 투표라는 행위가 중시되는 이유다.

공제은행독서재단은 앵코뤼티블상에 보조금을 주는 단체다. 공제은행은 1992년에 독서재단을 세우고 이 재단을 통해 독서와 작문, 낭독에 관한 프로젝트나 경연대회를 대상으로 활발히 자금을 원조하고 있다. 프랑스에는 일레트리즘에 기인하는 사회문제가 적지 않다. 독서는 그러한 문제를 해결하는 한 가지 수단으로 여겨진다.

작가들 중에도 독서 장려를 위해 활약하는 이들이 있다. 2007년 앵코륍티블상은 예년보다 저자들이 적극적으로 협력하여, 저자와 아이들의 만남이 300곳에서 이루어졌다. 특히 열정적이었던 저자가 초등학교 5학년~중학교 1학년 부문 후보에 올랐던 티에리 마리쿠르다.

"아이들과의 대화를 30번 정도 했습니다. 어린 독자들을 만나면서 얻은 것이 참 많습니다. 아이들이 책을 읽지 않는다고 하지만 그렇지 않아요. 저는 책을 즐겨 읽는 사춘기 아이들을 만나고 계속해서 글을 쓸 용기를 얻었습니다. 지금까지 메일을 보내 주는 아이들도 있습니다. 우린 진정으로 의견을 주고받았다고 생각합니다.

전철을 갈아타며 여기저기 다니는 건 참 피곤한 일이고, 그동안은 글도 못 씁니다. 하루에 세 반, 다섯 반과 대화하려니 힘들지요. 하지만 사서님과 선생님 들이 학생들을 철저히 준비시켰더군요. 질문도 잘 다듬어져 있고, 학생들은 제 답변을 열심히 들어 주었어요. 끝나고 나서 악수를 하러 온 학생도 있고요. 가구 직공을 양성하는 직업학교 남학생 50명은 정말 제대로 읽었더라고요. 독서 카드를 보고 바로 알았죠. 마지막에 키가 180센티미터는 되어 보이는 커다란 아이가 와서 '작가님 책을 읽고 눈물이 났어요' 하는데, 아이들과의 만남 중 최고의 추억이었습니다."

또 다른 작가가(이름은 알아듣지 못했지만) 마이크를 잡았다.

"그동안 문학상이라는 것에 전혀 관심이 없었어요. 저하고는 무관하다고 생각했거든요. 그런데 어느 날 앵코륍티블상을 알게 됐어요. 후보작 전형위원이 항상 아이들을 접하고 아이들의 독서 행동을 잘 알고 있는 사람들이라는 점에 일단 호감이 갔습니다. 전형위원은 사서나 교원 분들이라 출판계와 이해관계가 전혀 없고, 수상작을 정하는 건 아이들입니다. 두세 명을 매수할 수 있을지는 몰라도 수천, 수만 명의 아이들에게 영향을 미치기란 불가능하죠. 앵코륍티블상은 공정한 상이라는 말입니다. 또 하나, 학교가 밖으로 열려 있다는 건 중요하다고 생각합니다."

마지막으로 대모 마르틴 들레름이 마이크를 잡고 매우 인상적인 발언을 했다.

"앵코륍티블상의 장점은 학교 교육의 좁은 틀에서

벗어나 교육부의 커리큘럼에 부합하지 않는 책도 아이들에게 읽힌다는 겁니다.

저는 오랫동안 교사로 일했지만 독서의 기쁨을 아이들에게 전달하는 비결 같은 건 없다고 생각합니다. 수없이 많은 방법이 있고 어떤 게 효과를 거둘지는 교사의 개성과 열정, 영향력에 달려 있죠. 그래서 교사는 틀에 박힌 문학교육론에 사로잡힐 게 아니라 교육의 창의성을 길러야 합니다. 그러기 위해서는 교사의 독서시간을 근로시간에 포함시켜야 한다고 봐요. 교사 자신에게 항상 새로운 발견이 있어야 해요. 그런 것에 학생들은 매우 민감합니다.

저 자신은 학생들 앞에서 낭독을 자주 합니다. 낭독의 연극성이 특히 마음에 듭니다. 낭독이 훌륭하면 학생들은 그 책을 읽어 보고 싶은 마음이 들기 마련입니다."

¶

앵코립티블상은 아이들이 독서의 재미를 나누는 공간을 만든다. 독서 능력이 자라는 환경에서 생활하지 않는 아이들이라도 책에 열중하고 책 이야기를 나누는 아이들과 어울리면 자신도 그 즐거움을 공유하고 싶은 마음이 생긴다. 독서는 개인적인 행위지만 동시에 사회성을 띤다. 혼자 읽는 능력은 다른 사람들과 독서를 나누는 일을 통해 길러진다.

크로노스상도 앵코륍티블상도 아이들이 평소 접하던 책과는 다른 책과 만날 수 있는 새로운 만남의 장이다. 상을 준다는 공통의 목적이 만들어 내는 유대감이 독서를 더욱 활성화시킨다.

아이들을 심사위원으로 하는 이 두 문학상은 고등학생 공쿠르상과 마찬가지로 극소수가 주도한 작은 시도에서 출발했다. 크로노스상은 노년학재단의 두 여성 직원. 앵코륍티블상은 프랑스 남부 작은 마을의 서점 경영자. 제대로 된 조직도 틀도 없이 하나부터 열까지 손수 만들어졌다.

고등학생 공쿠르상과 마찬가지로 틀에 박히지 않았다는 것이 보급의 원동력이었으리라. 크로노스상이 창설된 것은 베르나르 파리스 씨가 실직 중에 노년학재단에서 아르바이트를 하고 있었을 때였고, 전국 코디네이터를 자원해 바로 승낙을 받은 것도 아주 절묘했다.

조직이 갖춰지지 않았기 때문에 가능했던 일일 테다. 그리고 지금 4만 명이 참가하는 문학상을 파리스 씨는 멋지게 이끌고 있다.

앵코륍티블상은 중소 서점도 뭉치면 초대형 프낙 서점에 결코 뒤지지 않는 프로젝트를 성공시킬 수 있음을 증명했다.

크로노스상도 앵코륍티블상도 파트너십으로 이루어져 있다. 독서 교육에서 파트너십은 기본이다. 가정에서, 학교에서, 도서관에서만 노력한다고 되는 일이 아니다.

이 두 상은 수많은 교원과 사서, 사서교사, 애니메이터의 지지를 받는 데 성공했다. 아이들이 주는 문학상은 아이들 간의 만남뿐 아니라 독서와 관련된 어른들의 만남의 장도 마련했다.

나오는 글

사서교사들의 도전

이 책에서 소개한 문학상에서 사서교사가 수행하는 역할은 무시할 수 없다. 특히 앵코륍티블상에서는 독서클럽을 조직하는 일에서나 후보작 전형에서나 사서교사는 중심적 존재다. 마무리로 사서교사들의 이야기를 꼭 하고 싶다.

프랑스에서는 1989년부터 중·고등학교 사서교사 자격이 수학이나 국어 같은 교과의 교원 자격과 동등한 국가 자격이 되었다. 그 이전에는 다른 교과 교사가 사서를 겸임하거나 직책이 없는 교사가 도서관을 담당하곤 했다. 사서교사가 독립된 교원 자격이 되면서 학교 도서관은 확 바뀌었다. 사서교사들이 주도해 다양한 프로젝트를 제안했기 때문이다.

¶

파리를 중심으로 동서남북으로 뻗은 왕관 모양의 도시 권은 일 드 프랑스île-de-France*라고 불리며 8개 주로 구성된다. 일반적으로 서쪽 주는 비교적 풍족하고 동쪽 은 그에 비해 생활수준이 낮다. 그중에서도 동북부의 센생드니 주는 빈곤층이 몰려 있는 지역을 포함한다. 빅토르 위고 중학교는 바로 그런 지역에 있다.

나는 빅토르 위고 중학교를 찾아갔다. 사서교사들 이 열정적으로 독서 지도에 나서고 있다고 들었기 때 문이다. 학교장 자클린 앙제 선생님이 학교의 실정을 설명해 주었다.

"1학년부터 4학년까지 총 550명이 있는데 그중 80퍼센트가 외국 출신입니다. 학생들은 모두 프랑스 국적이지만 30개 이상의 서로 다른 나라에서 온 이민 자 자녀입니다. 아시아계는 15퍼센트 정도로 성적이 가 장 좋습니다. 주로 동남아시아에서 온 정치 난민의 자

---

* '프랑스의 섬'이라는 뜻으로, 센 강을 비롯한 여러 강으 로 둘러싸여 섬과 같은 지형을 이루는 프랑스의 수도권 지 역. ─ 역자 주

녀로 부모가 제대로 된 학교 교육을 받았기 때문이죠. 반면 아프리카나 아랍권 출신은 경제 난민이 많아 부모들의 교육 수준이 낮습니다. 이민자라고 해서 다 같은 처지는 아닙니다."

이 지역의 학력 수준은 전국 평균에 훨씬 못 미치기에 교육우선지구로 지정되었고, 2세부터 아이를 유치원에 보낼 수 있는 등 다양한 조치가 취해지고 있다. 여느 중학교에는 사서교사가 한 명이지만 이 학교에는 두 명을 둘 수 있다. 책 구입비에도 특별 보조금이 붙는다.

도서관(프랑스의 중·고등학교에서는 '자료정보센터'라는 이름으로 불린다)은 빅토르 위고 중학교에서 특히 활발하게 기능하는 곳이다. 두 사서교사, 포시엘로 선생님과 세슈 선생님이 열정적으로 활약하고 있다.

사서교사에게는 교과목을 가르치는 교사 같은 커리큘럼의 구속은 없지만 그만큼 기획력이 요구된다. 독서 지도는 사서교사의 역할 중 하나지만 어떻게 진행할지는 개개인의 자주성에 맡겨진다. 포시엘로 선생님은 이렇게 말한다. "국어교원 자격증을 딸지 사서교사

자격증을 딸지 고민하다가 더 자유롭고 스스로 프로젝트를 짤 수 있는 사서교사를 선택했어요. 학교에 따라서는 아직 옛 제도의 사서교사가 남아 있지만 대부분은 새로운 제도로 자격을 취득한 사서교사로 교체되었어요."

사서교사가 기획하는 프로젝트는 두 가지로 나뉜다. 자체적으로 실시하는 프로젝트, 다른 교과 선생님과 파트너십을 맺어 실시하는 프로젝트.

파트너십의 전형적인 사례가 프레스(신문) 주간의 활동이다. 프레스 주간은 매년 3월에 열리는 전국적인 이벤트로, 교육부는 유치원부터 고등학교, 대학교까지 참가를 독려한다. 의무는 아니고, 참가 여부와 진행 방식 모두 각 학교에서 자체적으로 판단한다. 참가 희망 학교는 '교육과 정보수단 연계센터'라는 기관에 등록하면 그 주간에 나오는 모든 종류의 신문이 무료로 제공된다. 참고로 2008년 프레스 주간의 총 참가 학교 수는 1만 4791곳이었으며, 그중 초등학교는 4443곳, 중학교는 5959곳, 고등학교는 2093곳이었다.

빅토르 위고 중학교의 사서들은 매년 프레스 주간에 등록한다. 그 기간에는 『피가로』, 『르 몽드』 등 유명 신문은 물론 공산당 기관지부터 보수단체 신문까지 쏟아져 들어와 도서관은 마치 구내매점처럼 변한다.

국어교사, 역사·지리교사, 시민교육교사가 협조 요청을 받는데, 어느 교과인지, 몇 학년 대상인지에 따라 접근 방식이 다르다. 국어교사가 파트너일 때는 신문 용어나 제목에 쓰이는 말 등을 주제로 한다. 저학년의 경우 일러스트가 많은 신문을 골라 누구나 알 법한 사회면 기사를 뽑아서 함께 읽고, 이를 바탕으로 학생들이 각자 신문기사를 써 보기도 한다.

2007년은 대통령 선거가 있었던 해라서 역사·지리 선생님과 파트너가 되어 상급생 학급에서 이 문제를 다루었다. 대선 출마자가 12명이라 학생들은 12개 그룹으로 나뉘어 각 그룹이 입후보자 1명씩을 맡아 조사했다. 자신이 좋아하는 정치인에게만 가지 않도록 후보자 배정은 무작위로 했다. 학생들은 여러 신문을 비교하며 읽고 이민 정책, 청소년 문제, 환경 문제 등 몇 가지 항목에 관해 각 후보자의 정책을 정리했다. 당선 가능성이 희박한 후보의 경우 신문에 잘 실리지 않기 때문에 웹사이트 정보가 더 도움이 되었다.

"각 그룹은 자신들이 정리한 후보자의 정책을 발

표하고 그것을 가지고 토론을 했습니다. 이런저런 후보자가 마음에 든다는 식의 논의는 피하고 이 후보자의 의견은 이렇고 그것은 이런 정책과 관련이 있다는 객관적 논의가 되도록 유도했지요."

민감한 면도 있었지만 대선이라는 주제는 학생들의 관심을 끌었다. 프레스 주간에 참가한 학생들 상당수는 그 후에도 도서관에 신문을 읽으러 온다. 성과가 좋은 프로젝트다.

국어교사와 연계해 수업 시간에 독서 지도를 하기도 하고, 점심시간에 학년을 섞어 독서 아틀리에를 열기도 한다. 어떤 방식이든 아이들이 신화, 추리소설, 만화, 시, 자서전 등 되도록 폭넓은 장르를 만나게끔 신경을 쓴다.

독서 아니마시옹 중에서 문장을 토막토막 쪼개 그걸 원래 순서로 되돌리는 활동은 꼭 게임 같아서 하급생 아이들에게 효과적이다. 책 내용 중 재미있을 만한 부분을 낭독해서 우선 그 책에 대한 흥미를 불러일으키는 방법이 상당히 효과적이다. 낭독 기법을 익힐 필요성을 느낀 포시엘로 선생님은 연속 직업교육 제도를 이용해 낭독 연수를 받았다. 연속 직업교육 제도란

1971년에 제정된 법률로, 이에 따라 모든 근로자(실업자 포함)는 새로운 자격증 취득이나 직업 기술 향상을 위해 연수를 받을 권리를 얻는다. 재원은 모든 고용자(일주일에 한 번 베이비시터를 고용하는 경우도)가 내는 학습세다.

독서 아틀리에는 그런대로 성과를 거두고 있다. 참여한 학생들은 도서관과 친숙해져 곧잘 책을 빌리러 온다.

교육부 추천 이벤트로 전국 낭독 경연대회가 있는데 거기에도 학생들을 참가시킨다. 읽을 작품은 몇 가지 선택지 중에서 고를 수 있다. 2007년에는 카프카의 작품을 골랐고, 어느 곳을 읽을지는 학생들이 자유롭게 선택하게 했다. 시간은 최대 20분. 낭독 연습은 낭독 전문가로 구성된 비영리법인에서 도와준다. 녹음한 것을 심사위원회에 보내 통과한 학생이 전국 대회에 출전한다. 안타깝게도 이 중학교에서는 아직 전국 대회에 출전한 학생은 없다.

인근 공공도서관과는 상시적으로 프로그램을 교환하고 있다. 공공도서관은 종종 무대 배우의 이야기 공연을 주최하는데 그때마다 학생들에게 참가를 당부한다.

빅토르 위고 중학교 학생들의 가족 중에는 수입이 전혀 없어 실업보험이나 가족수당, 공제조합의 급부로 생활하는 가족이 적지 않다. 경제적 여유가 있는 학교들처럼 로마로 수학여행을 가는 건 꿈도 꿀 수 없다. 대신 영화관에 가거나 미술관이나 박물관을 견학하는 '현장학습'을 자주 하려 노력한다. 이 경우 주에서 보조금을 받을 수 있기 때문에 사서교사들은 그런 활동을 적극적으로 추진한다.

"이곳처럼 학습 수준이 낮은 학교라도 사서교사에게 프로젝트를 기획할 능력이 있고 교사에게 그것을 수용할 역량이 있다면 도서관은 훌륭하게 기능하기 마련입니다." 앙제 교장은 역설한다.

¶

파리의 클리냥쿠르 하면 벼룩시장으로 유명한데, 생 뱅상 학교는 그곳에서 그리 멀지 않은 곳에 있다. 가톨릭계 사립학교로 초·중등 통합학교다. 사립이라 해도 국가와 계약을 맺어 교장 이외의 교원은 모두 국가에서

급여를 받는다. 커리큘럼도 공립학교와 똑같다. 성모 마리아상과 십자가가 장식되어 있지만 종교 교육은 전혀 없다.

이 학교 역시 다민족의 용광로다. 학생들은 프랑스 국적이지만 무려 90퍼센트가 외국 출신이다. 특별히 다수파를 차지하는 민족은 없다. 가톨릭계 학교인데 무슬림 아이들이 적지 않은 것도 이 학교의 독특한 점이다. 중학생 3분의 1가량이 라마단을 지킨다. 일반적으로 학생들의 가정은 부유하지는 않지만 가난하지도 않다.

이 학교 도서관에서 일하는 베로니크 들라뤼 선생님은 천생 사서교사다. "매일 아침 설레는 마음으로 도서관에 들어섭니다." 다민족 학생들이 다니는 이 학교는 문화적으로 풍성해 이상적인 환경이라고 말한다.

원래 어린이·청소년책 전문가라 다른 학과 교사들도 그녀에게 의지한다. 예를 들어 중학교 4학년 교과 과정에 제2차 세계대전이 들어 있는데, 담당교사가 이 주제에 관한 문헌 목록을 작성해 달라고 부탁해 왔다. '장르 뛰어넘기'가 그녀의 모토인지라 역사책뿐 아니라 시나 소설, 논픽션, 체험기 등 온갖 종류의 자료를 모았으며 웹사이트 정보도 추가했다. 그리고 이 주제에 관해 교사와 학생 모두에게 유용한 문헌 및 정보 목록을 작성해 도서관 벽에 붙여 두었다.

베로니크 들라뤼 선생님은 중·고등학교 사서교사를 위한 전문지 『앙테르 CDI』*라는 잡지의 편집을 맡고 있어 출판사에서 많은 책을 무료로 보내 준다. "이곳은 매우 운이 좋은 도서관이에요."

독서 아니마시온은 그녀의 아이디어로 진행될 때가 많다. 그중 하나가 중학생에게 옛날이야기 들려주기다. 처음에는 초등학생 대상으로만 했는데, 알고 보니 압도적 다수가 외국 출신이라 신데렐라, 백설 공주, 빨간 모자 등 유럽 아동문학의 유산을 접해 보지 못한 학생이 많았다. 이는 나중에 문학이나 영화, TV 방송 등을 이해하는 데 핸디캡으로 작용한다. 그래서 중학생을 상대로 옛날 동화를 낭독하기 시작했는데 아주 인기가 좋았다.

"독서를 힘들어하는 아이들도 일단 귀로 듣고 내용을 어느 정도 알고 나서 책을 보면 훨씬 읽기 쉬워져요. 그게 축적되면 독서 능력이 몸에 배지요. 낭독은 효과적인 독서 아니마시온입니다."

---

* CDI는 자료정보센터(중고등학교 도서관)의 줄임말로, 앙테르 CDI는 '학교 도서관을 잇다'라는 뜻이다. — 역자 주

어느 한 주제와 관련된 문학 작품을 읽는 프로젝트를 내놓기도 한다. 한번은 '연대'라는 주제로 소설 20여 편을 준비했다. 픽션은 거들떠보지도 않는 아이도 있어서 평전과 논픽션도 넣었다. 학생들은 저마다 마음에 드는 책을 골라 읽었고 숙제도 하나 해야 했다. 자신이 읽은 책 내용을 모두에게 소개하고 왜 그 책이 연대라는 주제의 작품에 들어가는지 설명하는 숙제다.

"학생들에겐 결코 쉬운 일이 아니었어요. 제게는 당연해 보여도 왜 이 책이 연대와 관련이 있는지 잘 이해하지 못하는 아이가 많았죠. 이해했더라도 그것을 다른 사람이 알 수 있게 말하는 건 더 어려웠고요. 하지만 때로는 어려운 일에 직면하는 것도 중요합니다."

또 하나, 중학생에게 그림책을 읽힌다. 보통 그림책은 초등학생 때 졸업한다고 생각하지만 그림책에는 여러 교훈이 풍부해서 나이와 상관없이 읽을 수 있는 이야기가 얼마든지 있다. 그런 그림책을 많이 수집하려고 늘 신경 쓴다. 특히 독서 능력이 없는 아이에게 그림책은 좋은 시작이다. 짧은 그림책도 다 읽고 나면 성취감이라는 기쁨을 맛볼 수 있다. 끝까지 읽지 못하면 좌절감이 남기에 어쨌든 다 읽는 것이 중요하다. 그걸 발판 삼아 좀 더 어려운 책에도 도전해 보고 싶다는 마음이 생긴다.

"최근 2년간은 동화 80여 편으로 세계 일주를 하는 아니마시온을 하고 있습니다. 제가 제안해서 중학교 1학년 국어교사가 수업에 도입했어요. 그걸 위해 전 세계 동화를 500권쯤 모았죠. 나라 하나당 동화 대여섯 권꼴이에요. 한 나라에 내릴 때마다 그 나라의 동화를 읽고 여행일지 형태로 메모를 쓰고, 다 읽으면 또 새로운 나라에 가서 동화를 읽는 식으로 여행을 이어 갑니다."

들라뤼 선생님은 일주일에 한 번 도서관에서 수업을 진행하며 세계 일주 아니마시온에 힘쓰고 있다. 동화는 짧아서 비교적 쉽게 읽을 수 있다. 점심시간에 도서관에 와서 뒷이야기를 읽고 가는 아이도 있다. 학생에게나 교사에게나 반응이 좋다.

작가와의 만남은 유치원부터 고등학교까지 많은 학교에서 실시하는 이벤트다. 작가들은 학교에 가서 학생들과 대화를 한다. 교육부가 장려하는 이벤트라 '작가와 문학의 집'이라는 단체가 코디네이터 역할을 한다. 생 뱅상 학교는 매년 이 이벤트를 '작가 주간'으로 정해 대대적으로 진행하고 있다.

학교로 초대하는 대상은 어린이·청소년책 작가들이다. 사서교사는 이 주간에 참석 가능한 작가 명단을 만들어 각 작가의 작품을 소개하고, 이를 참고해 국어교사가 어느 작가를 초대할지 결정한다. 2007년에는 알랭 베르, 모카를 비롯해 8명의 저자를 생 뱅상 학교로 초대했다.

작가와의 만남은 학생들이 고대하는 이벤트다. 학생들이 미리 그 저자의 책을 읽어야 하기 때문에 두 달 정도 준비 기간을 둔다. 만남을 어떤 식으로 진행할지는 담당 국어교사의 재량에 달렸다. 작품에 관한 질문을 준비하는 학급도 있고, 작가라는 직업이나 글쓰기에 관해 배우는 학급도 있다. 중학교 4학년 교과 과정에는 제2차 세계대전이 들어 있어 담당 교사는 종종 이 주제를 다룬 작가를 고른다.

그 주에는 점심시간에 작가들이 도서관으로 찾아와 포럼이 열린다. 격식을 차린 것이 아니라 인간적인 교류의 장이다. 학생들은 사인을 받기도 하며 매우 기뻐한다.

사서교사의 일은 무척이나 다양한데, 들라뷔 선생

님이 특히 중시하는 일은 점심시간에 진행하는 독서 아틀리에다. '문학 디저트'라고 이름 붙인 이 프로그램은 들라뤼 선생님 자신이 주최하는 프로그램으로, 학생들은 점심식사를 마친 뒤 도서관에서 디저트를 먹으며 책에 관해 이야기를 나눈다. 초등학생 대상, 중학생 대상이 따로 있으며 각각 3주에 한 번이다. 자유 참가라 당일 아침에 등록하기만 하면 된다.

독서 아틀리에의 분위기를 띄워 주는 것은 바로 디저트. 들라뤼 선생님이 손수 만든 케이크를 가져오는가 하면, 자주 오는 학생이 부모님과 함께 과자를 만들어 가져오기도 한다. 과자 만들기는 들라뤼 선생님의 특기. 선생님은 『디저트와 과자 ⊠ 아이와 함께 만드는 40가지 간단 레시피』라는 책을 공저로 출간했으며 학생들은 이를 참고해 케이크를 만든다.

"문학 디저트라는 아니마시온에 관해서는 사서교사들 사이에 찬반양론이 있습니다. 도서관 안에서 디저트를 먹는 건 좋지 않다고 말하는 사람들도 있지요. 개인적으로는 도서관이 쥐 죽은 듯 고요한 곳이라는 이미지를 불식시키고 싶습니다. 물론 뭐든 해도 좋다는 뜻은 아닙니다. 학생들이 집으로 돌아갈 때, '도서관 참

재미있었어' '그 책 재미있었어' 할 수 있는 장소, 사람
과 사람 사이의 어울림이 있고 스스로 무언가 발견할
수 있는 곳. 도서관을 그런 곳으로 만들고 싶어요."

맺음말

프랑스의 언어 교육은 30년 전부터 내가 줄곧 관심을 가져 온 주제다. 프랑스에 갈 때마다 여러 교육 현장을 둘러보고, 독서클럽 토의에 참여하고, 도서관 직원과 교사, 애니메이터와 대화를 나누면서 매번 새로운 자극을 받았다.

오랫동안 품어 온 이런 문제의식을 독서 교육의 관점에서 정리해 보자는 생각을 갖게 해 준 것이 고등학생 공쿠르상이었다. '고등학생 공쿠르상 수상작'이라는 띠지를 두른 책은 파리의 서점에서 자주 보았지만, '고등학생이 심사하는 문학상이라니 재미있는 발상이

네' 이 정도 인상에 그쳤다. 그런데 어느 날 파리 교외에서 열린 국어교사들의 저녁식사 모임 자리에서 생각이 확 바뀌었다. 교사들은 후보작을 대하는 고등학생들의 열정적인 태도에 관해 이야기해 주었고, 그것이 계기가 되어 본격적으로 이 문학 이벤트에 관해 조사하기 시작했다. 그리고 그곳에서 발견한 것은 말과 말이 부딪치고 융합하는 농밀한 공간이었다. 사람과 사람의 직접적인 커뮤니케이션이 살아 숨 쉬는 공간. 찾아 헤매던 걸 마주친 기분이었다.

언어는 항상 내 관심의 중심에 있었다. 나 자신이 겪어 온 언어 체험 때문이었다.

만약 어떤 사람이 한 번도 가 본 적 없고 관심도 없었던 나라에 우연히 살게 된다면 가장 먼저 직면하게 되는 것이 언어와의 격투다. 그것이 나에게는 프랑스어였다.

파리의 어학원에 들어선 그 첫날 풍경이 아직도 그 색채와 함께 눈에 선하다. 어두컴컴한 가을날, 교실 조명이 유난히 붉게 보인다. 낡아서 페인트가 벗겨진 나무 책상과 의자. 책상에 칼로 새긴 듯한 의미 불명의 낙서. 나는 프랑스어라는 언어를 한 마디도 모른다. 안

녕하세요, 안녕히 가세요, 감사합니다……는커녕 알파
벳 읽는 법조차도. 학생들은 서른 명이 안 되어 보인다.
아시아계는 나까지 둘뿐이고 나머지는 유럽인이나 아
프리카인 같다. 젊은 사람도 있고 나이 든 사람도 있다.
물론 아는 얼굴은 하나도 없다. 연분홍 블라우스와 검
은 미니스커트를 입은, 자그마한 체구의 젊은 선생님
이 교실로 들어온다. 칠판에 큰 글씨로 알파벳 스물여
섯 자를 쓰고 아, 베, 세…… 한 자 한 자 천천히 발음하
자 학생들 모두 따라 발음한다. 선생님은 가끔 한마디
씩 뭐라고 말을 하지만 나는 전혀 알아듣지 못한다.

　　그것이 프랑스어와의 첫 만남이었는데, 나는 금세
이 미지의 언어를 배우는 일에 매료되고 말았다. 아무
것도 모른다는 것은 얼마나 멋진가! 지하철 플랫폼에
붙은 광고 속 글자를 읽고, 새로 배운 말을 사용해 길을
물었다는 것만으로 기뻐할 수 있다니!

　　프랑스에 오기 전까지 나는 생물물리 연구실에 있
었다. 대량의 말馬 혈액을 처리해 거기에서 시험관 바닥
에 맺힐 정도로 적은 양의 적혈구 막을 추출하고, 그것
을 분해했다가 재구성해 생체막에 최대한 가깝게 인공
막을 만든다. 그런 실험에 몰두하던 나는 연구 생활을

잠시 멈추고 외국이라는 곳에서 살아 보고 싶어졌다. 당시 체류허가증을 가장 쉽게 딸 수 있는 곳이 프랑스라고 해서 프랑스로 정했다.

프랑스 문학도, 프랑스 요리도 그때까지의 내 생활 영역과는 무관한 존재였다. 그래서 빅토르 위고도, 발자크도, 스탕달도, 플로베르도 프랑스어로 읽은 게 처음이었다. 모든 것이 신선하고 재미있었다. 옆에 앉은 다른 외국인들과의 유대는 특별했다. 폴란드 망명자와 아직 군사정권하에 있던 포르투갈에서 온 망명자, 이탈리아인과 스페인인, 독일인. 이국에 사는 사람들끼리의 유대감이었을까. 마지막 프랑스어교육자격시험 결과 발표 날, 다들 두근거리는 마음으로 게시판에 합격자 명단이 붙기를 기다렸다. 그리고 이름을 발견하자 서로 얼싸안고 환호성을 질렀다. 하지만 그날은 작별의 날이기도 했다. 친하게 지내던 독일인 친구 가브리엘이 고향으로 돌아간다고 해서 역까지 바래다주러 갔다. 플랫폼에서 작별 인사를 건네려던 순간 눈물이 주룩주룩 흘러내렸다. 둘이서 손을 맞잡고 어린아이처럼 엉엉 울었다. 프랑스에서 지낸 날들은 내 인생 최고의 시간이었다고 지금도 생각한다.

그 후 통역으로 일하기 시작하자, 비로소 다시 현실 세계로 돌아온 것 같았다.

하지만 언어의 재미는 한번 알면 멈출 수 없다. 일을 하면서 파리 동양어학교에서 타밀어(인도 남부에서 쓰는 언어)를 배웠다. 요즘은 한국어 공부도 시작했다.

프랑스어를 배운 건 나에게는 곧 언어의 발견이었다. 덕분에 일본어라는 모국어를 하나의 언어로 보는 시각이 생겼다. 그 뒤로 '프랑스의 언어 교육'이라는 주제가 머릿속 한구석을 떠나지 않았다. 다소 막연했던 이 문제의식을 '고등학생 공쿠르상을 중심으로 하는 독서 교육'이라는 형태로 구체화할 수 있어 매우 기쁘다. 고등학생 공쿠르상에 관해서는 잡지 『도서관 학교』(현 『OWL』, 비영리법인 도서관 학교)와 『프랑스』(하쿠스이샤 출판사)에서 2006년부터 2007년에 걸쳐 연재했는데 이 책은 처음부터 다시 쓴 것이다.

독서 교육을 탐색하며 수많은 분께 도움을 받았다. 특히 다음 분들께 감사를 전하고 싶다. 파리독서센터의 로베르 칼롱, 스테팡 베르네르, 탕제 초등학교의 클랭 교장선생님과 교사들, 고등학생 공쿠르상 창설자 베르나르 르 도즈, 전국 코디네이터 자니 르 빌리오, 공쿠르 아카데미 회장 에드몽드 샤를 루, 『웨스트 프랑스』의 파트리크 라 프레리, 프낙서점 전국 코디네이터 안느 주메리, 크로노스 문학상 전국 코디네이터 베르나르 파리스, 카샹 도서관 관장 로랑스 아즈망과 범세대 독서모임, 앵코륍티블상 전국 코디네이터 잔 루소. 그리고 가스통 바슐라르 고등학교의 브리므 선생님, 뒤슈망 선생님과 학생들, 에바리스트 갈루아 고등학교의 루세 선생님과 학생들, 폴 두메르 고등학교의 브루제 선생님과 학생들, 아니타 콩티 고등학교의 부아세 선생님과 학생들, 플렌 초등학교의 무스타파 선생님과 학생들, 생 뱅상 학교의 들라뤼 선생님, 빅토르 위고 중학교의 앙제 교장선생님과 포시엘로 선생님, 세슈 선생님.

기획 단계부터 함께 고민하고 전체적인 흐름에서 세부 표현에 이르기까지 여러 적확한 조언을 해 주신 미스즈쇼보 출판사 편집부의 오가타 구니오 씨, 정말 감사합니다.

2008년 3월
쓰지 유미

아이들은 어떻게 베스트셀러를 만들었을까
: 책 읽는 나라 프랑스가 보여 준 발상의 전환

2024년 4월 14일 　 초판 1쇄 발행

지은이 　 　 　 **옮긴이**
쓰지 유미 　 　 김단비

펴낸이 　 　 　 **펴낸곳** 　 　 　 **등록**
조성웅 　 　 　 도서출판 유유 　 제406-2010-000032호(2010년 4월 2일)

　 　 　 　 　 주소
　 　 　 　 　 경기도 파주시 돌곶이길 180-38, 2층 (우편번호 10881)

전화 　 　 　 **팩스** 　 　 　 　 **홈페이지** 　 　 **전자우편**
031-946-6869 　 0303-3444-4645 　 uupress.co.kr 　 uupress@gmail.com

　 　 　 　 　 페이스북 　 　 **트위터** 　 　 　 **인스타그램**
　 　 　 　 　 facebook.com 　 twitter.com 　 instagram.com
　 　 　 　 　 /uupress 　 　 /uu_press 　 　 /uupress

편집 　 　 　 **디자인** 　 　 **조판** 　 　 　 **마케팅**
김은우, 조은 　 이기준 　 　 한향림 　 　 전민영

제작 　 　 　 **인쇄** 　 　 　 **제책** 　 　 　 **물류**
제이오 　 　 (주)민언프린텍 　 다온바인텍 　 책과일터

ISBN 979-11-6770-086-5 03370